はじめての
確定申告から
損しない

フリーランス
1年目の
経理

税理士法人コスモ総合会計事務所
代表社員　税理士　冨永昭雄

WAVE出版

はじめに
フリーランスが避けて通れない経理と確定申告

帳簿をつけると思うと逃げだしたくなる
会計関連の言葉はむずかしい
そもそも処理や計算がめんどうだ
税務署に行きたくない
税金を払うと思うとモヤモヤする

「経理」「帳簿」「確定申告」「税金」という言葉に、アレルギー反応を示す人は少なくないでしょう。いろいろなクライアントと接してきましたが、経理の経験がある一部の人を除き、喜んで取り組んでいる方は、まずいませんでした。

しかし、イヤだから、苦手だから、わからないからと逃げていてはダメです。納税は国民の義務であり、日本という国で仕事をしている以上、だれもが避けては通れないからです。まず、それを知ってください。

会社員であれば、会社が収入に応じた税金を計算して支払ってくれます。意識していない方が大半ですが、自分がなにもしなくても、ちゃんと納税しているのです。

ところが、フリーランスになったら、だれもやってはくれません。会社を辞めたとたん、自分自身で処理していく必要があります。

独立直後はやることがいっぱいあり、収入に結びつかないことは後回しになりがちでしょう。取引先の開拓や納品が最優先で、余裕がないのもわかります。

しかし、先送りすればするほど、処理すべき作業がたまり、どんどんおっくうになっていくはずです。それが苦手意識に拍車をかけ、逃げたい気持ちが大きくなっていき

ます。そのうえ、

なにをすべきか、わからない

どこから手をつけていいか、わからない

なぜ、確定申告をしなくてはいけないのか、わからない

これもまた、心の大きなハードルになっていると思います。よく理解できないことに関して、人は逃げ腰になってしまいがちです。

けれども、経理とは決してむずかしいものではなく、しくみと手順さえわかれば、だれにでもできます。

フリーランス1年目から、経理のツボを押さえ、日々のお金の管理をしていきませんか。あなた自身の今後に、きっとプラスになるはずです。

この本では、初心者がつまずきやすい、経理と確定申告について、ひとつひとつ、わかりやすく説明していきます。

自分でお金の流れを処理できれば、税理士に依頼する必要もありません。不安を解消し、正々堂々と仕事に取り組むためにも、きちんと処理していきましょう！

この本がフリーランスのみなさんのお役に立つことを願っています。

そして、アドバイスをいただいた井上舞さん、鬼頭宏美さんに心より感謝申し上げます。本当にありがとうございました。

税理士法人コスモ会計事務所　代表社員　税理士　富永　昭雄

フリーランス1年目の経理 目次

第2章 「確定申告」のしくみ

～基本を押さえれば1年目からサクッと乗りきれる

第3章「確定申告」のための経理
～「売上」と「経費」を日々記録するクセをつける

第4章 「確定申告」で賢く節税するノウハウ
～知らないと損する優遇税制について知っておこう

第5章　副業&パラレルワーカーのための経理
～フリーランス予備軍が知っておきたい基礎知識

※この本は、２０１９年12月時点における法令に基づいています。

第1章

フリーランスの「経理」とは

～お金の管理は仕事に集中するためにも欠かせない

1

自分のビジネスを客観的に見よう

収支を把握して（経理を行う意味）

会社員経験がある人なら、「経理部」とは、ちょっとお堅いセクションという印象をお持ちなのではないでしょうか。

お金に細かく、コストカットにうるさい

備品の購入費、外注先の支払いについて細かく聞かれる

出張費や接待交際費にきびしく、場合によっては却下される

などの経験をした方もいるでしょう。

経理という言葉を聞くだけでゆううつになるのは、そういうイメージがあるからかもしれません。

しかし、その一方で、会社になくてはならないセクションだということは、わかっているはずです。

売上が好調であっても、経費がかさめば利益率が落ちますし、キャッシュフローを把握していなければ、資金がショートすることもありえます。

入出金の管理をして、毎年、決算をしていく。そうしなければ、会社は成り立たず、次の戦略も立てられないということも理解しているでしょう。

数字をもとに、現状を把握し、事業を客観的に見ることは、どんな業種であってもビジネスの基本です。

フリーランスであっても、まったく同じです。

すべてが自分の思い通りになりますが、**会社員時代のように、経理に目を光らせてくれる人はいません。**

もうかっているようでも、売上から経費を引いたらどの程度、利益が残るのか？

請求と入金のバランスは？　どんぶり勘定で進めていては、生活費が足りなくなったり、支払いに窮したりしかねません。

1年目は特に、会社員時代と違って、収入の変動も大きいはずです。

だからこそ、**収支をきちんと把握することがビジネスを続けていくうえで欠かせません。**そのために必要なのが経理です。

フリーランス1年目は、不安なことがたくさんあるでしょう。

もっとも大きな不安が、受注がコンスタントに続くか、取引先が開拓できるかだと思いますが、**営業も総務も、1人でこなさなければいけないのがフリーランス。**より単価の高い仕事、利益率の高い仕事を獲得するために、自分なりの金銭感覚を磨いていくことも大切です。

フリーランスになった以上、交通費はもちろん、鉛筆1本、コピー用紙1枚でも、自分で負担するのです。経費は会社に請求して、決まった金額の給料が自由に使えるという会社員時代の感覚はいったん捨ててください。

経理と同じく、確定申告もまた、めんどうに感じる人が多いと思います。特に確定申告は未知の領域で、経理以上に必要性を感じにくいでしょう。

しかし、しくみを理解すれば、むずかしいことではありません。

●経　理　↓　自分のビジネスの収支を把握するため
●確定申告　↓　収支に応じた税金の額を計算するため

つまり、経理をきちんと処理すれば、確定申告ができます。

確定申告をすると税金をとられるという思い込みが強いのですが、そうとも限りません。納税は国民の義務ですが、確定申告は、税金を払いすぎないためにおこなうものでもあるのです。

2

（会社員との違い）

払いすぎた税金をとり戻すのも確定申告の大きな役割

税務署と聞くだけで嫌な気持ちになる方は少なくありません。

それは、「税務署＝税金を徴収する役所」というイメージが強いからでしょう。苦労して稼いだお金をなるべくとられたくない、という気持ちは理解できます。

しかし、税務署といえども、無理やり税金をとっていくわけではありません。それぞれの収入に応じた税金を正しく納めていれば、国民の義務を立派に果たしています。なにも後ろめたいことはありません。

ただ、**正しい税金がいくらなのか。**

これは1年経ってみないとわからないのです。毎月決まった日に給与が支給される会社員と違い、フリーランスの場合、**月々の売上が大きく変動**するからです。

それを知るために必要なのが「確定申告」です。

誤解されている方が多いのですが、「確定申告＝税金を払うための作業」とは限りません。もし、税金を払いすぎていたら、その差額をとり戻すこともまた、確定申告の役割です。

会社員であれば納税している意識がなく、払っている税額すら知らない方が多いでしょう。給料の支給額と手取り額を比べて、「いろいろ引かれてこの額か…」と思う程度です。

その「引かれるいろいろ」の中に税金も含まれています。つまり、税額を確認して自分から支払うのではなく、自動的に天引きされています。

会社員の場合、会社側が税額を計算して税金分をあずかり、納付を代行しています。つまり、**税金は先払い**で、納付不足がないよう、少し多めに徴収されています。再計算して払いすぎた税金があれば、戻ってくるのが、「年末調整」です。会社員であれば、これも基本的に会社のほうで処理してくれます。

フリーランスの場合、すべての業種ではありませんが、ライター、デザイナー、カメラマン、プログラマーなど、多くの人たちが、報酬から税金を引いた金額が取引先から支払われます。

このようにあらかじめ税金が差し引かれることを「源泉徴収」と言います。

国が税金をとりはぐれることがないよう、取引先が税金分をあずかり、あなたの代わりに税金を納めるよう、義務づけられているのです。

つまり、税金が先払いなのは、会社員もフリーランスも同じです。

ところが、**フリーランスの場合、年末調整してくれる人はいません。**

税金を多めに払っていたとしても、税務署のほうから「多いのでお返しします」と教えてくれることは決してありません。

直接連絡があるのは足りない時だけです。

しかも、源泉徴収されているフリーランスの場合、確定申告すれば差額が戻ってくる方が多いのです。金額はそれぞれですが、数万円から数十万円というケースも珍しくありません。

なにもしなければ、それだけのお金を払いっぱなしです。

めんどうくさいからといって、それだけのお金を棒に振ってしまうのは残念ではありませんか？

きちんと確定申告をして、余計なお金を払わないですむようにする。

稼ぐだけでなく、守りをしっかり固めることも、フリーランスには大切です。

3

確定申告は後ろ盾のないフリーランスの証明書
（申告のメリット）

確定申告は、正しい税額を計算するためだけのもの、ではありません。**確定申告をしていれば、収入があり、きちんと納税している証明にもなります。**

社会的な信用の証明がとりにくいフリーランスにとって、見逃せない利点です。

たとえば、クレジットカードは会社員時代につくっておけとよく言われます。

会社員であれば、審査はそれほどむずかしくないのに、フリーランスの場合、カード会社によってはつくれないケースもあるからです。

住まいを借りる時や、住宅ローンを組む時も同じです。

信用の根拠となる収入の証明がないと、なかなかGOサインが出ないかもしれません。会社員の場合でさえ、今の勤務先に3年以上在籍していないとローンが組みにくいというケースがあります。

身分証明をしている機関がなく、収入が不安定な相手に対して審査のハードルがきびしくなってしまうのは当然のことでしょう。後ろ盾がないフリーランスには、確定申告書以外に収入の裏付けとなるものがありません。

家を借りる、ローンを組んで車やマイホームを購入する。**人生の節目となるライフイベントの時は、確定申告書が収入の証明書として有効に使える**というメリットでもあることを覚えておいてください。

また、申告書があったとしても、売上や経費が不適切で、所得をごまかしていると、社会的信用はなくなります。

毎年、しっかり確定申告をして税金を納めていれば、安定した収入がある証明になるでしょう。確定申告の意味を理解して、社会的信用が得られるようにしておきましょう。確定申告は、義務であり、メリットでもあるのです。

4

（申告しないリスク）確定申告しない場合、無保険や健康保険料が割高になることも

確定申告は税額を計算するだけでなく、身近なインフラにもかかわっています。

いちばん大きいのは、健康保険でしょう。

会社員を辞めてフリーランスになった場合、手続きをし、保険料を全額自己負担すれば、しばらくは引き続き、前職の健康保険が使えます。

しかし、一定期間を過ぎれば、国民健康保険に加入することになります。

この保険料を決める基準になっているのが、確定申告です。

計算の仕方は自治体によって異なりますが、基本的に収入（所得金額）に応じた金額になることが多いようです。

確定申告をしないと最悪、無保険になりサービスを受けられなくなったり、割高な保険料が適用されるかもしれません。

日本の医療保険制度は「国民皆保険制度」と言われ、保険証1枚で、だれでも・どこでも・いつでも、医療が受けられる素晴らしい制度です。

現役世代であれば、医療機関での病気やケガの治療が3割負担で受けられます。また、入院や手術で医療費が高額になり、自己負担が一定額を超えた場合でも、申請すると後から戻ってくるなどの制度もあります。

フリーランスは身体が資本。会社という後ろ盾がない以上、**健康管理も自分自身でおこなっていかなくてはなりません**。

健康な時は気づかないでしょうが、病気をすれば仕事も思うようにできなくなってしまいます。そんな時に医療費の支払いが全額自己負担…ということにならないよう、万一の時に備えて、最低限の備えは心がけたいものです。

5 「節税」と「脱税」の違いをしっかり理解しよう

（節税・脱税とは）

有名人の「脱税」が問題になることがあります。

たとえば、とある芸能人が家族旅行の費用を「会議費」として計上していたことが発覚したようなケースです。

当事者は「見解の相違」だと言い、事業に必要な意見交換をしていたと主張しましたが、客観的にみて、仕事に関連する経費とみなすのは苦しい状況でした。脱税行為と言われても仕方がなかったでしょう。

収入を隠して少なく見せる

架空の経費をでっちあげる

プライベートな出費を経費に計上する

こういった行為により、本来納めるべき税金を安く抑えることは、脱税にあたります。簡単に言えば「隠す」（所得隠しはよくある脱税行為です）、「ウソをつく」（金額が空欄になった領収書を入手して勝手に書き込む）、「ごまかす」（友人との飲み会を接待だと言い張る）ことは、すべて脱税につながります。

では、「節税」と「脱税」は、どこが違うのでしょう。

結果的に税金が安くなる点は同じですが、**「節税」は違法行為ではありません**。節税とは、ウソ偽りなく適正な処理をして適度に税金を節約することです。

税法上、オトクになる税制（「**優遇税制**」と言います）を活用して、納税額を下げるのは立派な節税です。

また、**ビジネスを進めるうえで必要な出費を洗い出し、もれなく経費に計上する。**

これも節税にあたります。

逆に、納税額が抑えられる優遇税制の存在を知らなかったり、当然、経費として認められるものを計上していない場合は、損することになります。

脱税はダメですが、賢く節税して、稼いだお金を正々堂々と管理しましょう。

節税のために必要なのが、証拠となるレシートや領収書、請求書です。

こういったものを邪魔だからと捨ててしまう人がいますが、1枚1枚が「いつ・どこで・なにに・いくら使ったか」を証明するものなので、きちんと保管してください。

月ごとに分けて、時系列で整理しておけば、さらにいいでしょう。

もしも、税務調査があった場合、事業用の出費であると主張するための重要な根拠になります。クレジットカード払いは月ごとの明細が出ますが、店名しか記載されていません。1つずつの品名がわかるほうがより説得力があります。

なお、初めて確定申告をする場合、誤解している人が多いのですが、**レシートや帳簿を税務署に提出するわけではありません。**自分で保管すればいいだけで、見せる必要すらないのです。

確定申告の時に提出するのは、税務署が用意している申告用の書類のみです。ここに集計した数字を書き込むために、日々のお金の出し入れを記帳するわけです。

逆に、帳簿やレシート類を見せる必要がないことを悪用して、いい加減な確定申告をする確信犯もいます。税務調査さえなければ、わかりっこないと思っているのでしょう。経費の水増しもやりたい放題です。しかし、脱税は犯罪行為です。

フリーランスの場合、ビジネスとプライベートがごっちゃになりやすいので、経費に関しては、**公私混同にならないよう、しっかりした「自分基準」を持ち自分を律して処理してください。**1年目から間違った考え方が身についてしまうと、その後のビジネス人生が悪いものとなってしまいます。

6

（脱税による追徴）
「脱税」をするとペナルティ分の利息や税金が徴収される

そもそも確定申告をしない場合、あるいは適当な数字を記入して確定申告をしてしまった場合は、どうなるでしょうか。

申告書が受理されたとしても、それでＯＫになったわけではありません。

税務署は申告書の内容をチェックしています。**不審な部分があれば、ある日突然、電話がかかってきて、「税務調査」の呼び出しがあるかもしれません。**

実際、国税庁の発表したデータによると、毎年数十万件の税務調査がおこなわれ、それによって所得税だけでも毎年１０００億円以上の「追徴課税」と呼ばれるペナルティが徴収されています。

税務調査とは、虚偽の申告を防ぎ、間違った申告を正すために、国税庁や税務署が調査することで、法人だけではなく、個人も対象になります。

文書の提出や税務署への来署をうながすパターンのほか、自宅やオフィスを訪問して帳簿や書類などを調べる「実地調査」、取引先を調べる「反面調査」、取引銀行を調べる「銀行調査」などがあります。

自分1人ぐらいわからないだろうと考えるのは禁物です。

納税額を抑えようと売上を少なく申告しても、取引先から判明するケースがあります。

マイナンバーの導入で、取引状況が追跡しやすくなりましたし、税務署がその気になって調べれば、すぐわかってしまいます。発覚したら言いのがれはできません。自分が考えている以上に、あなたの情報は把握されているのです。

銀行調査をすれば、事業用の口座だけでなく、プライベートな口座や家族の口座も調べられるかもしれません。

たとえば、出版社には著者やライターに対して、いくら払ったかという調査が定期的にあるそうです。

これが反面調査で、お金の出所からたどっていけばすぐにわかります。そもそものような調査でわかるかが問題ではなく、脱税行為をすることがダメなのです。

税務調査の結果、申告した額が少ないことがわかれば、不足分の税金を納めなければなりません。

場合によっては、**利息にあたる「延滞税」、ペナルティにあたる「加算税」**が徴収されるケースもあります。

悪質な不正行為があった場合は、「重加算税」が課され、本来納めるべき税額の35～40%が加算されます。納めるべき税金が30万だとしたら40万以上になってしまうわけです。その名の通り、税率が高く、重いペナルティになっています。

では、確定申告をしなかった場合や、間に合わなかった時はどうすればよいでしょう。

所得税法では、**毎年1月1日～12月31日までの1年間の所得について、翌年2月16日～3月15日までの間に確定申告**をおこない、同期間内に所得税を納めることになっています。

締め切りを過ぎても申告自体はできますが、3月16日以降に提出した場合は、「期限後申告」と呼ばれ、「無申告加算税」が徴収されます。

なお、期限後申告の場合、申告書を提出した日に税金を納める必要があります。

そのうえ、遅れた日数に応じた延滞税の支払いも求められます。

余計な出費を増やさないためにも、確定申告は1年目から期限内におこなうように準備してください。

7

（会計ソフトの活用）

会計ソフトを使えば簿記の知識がなくても経理は簡単

確定申告をしなければいけないとわかっていても、数字に強くないので、経理は苦手簿記の知識がないから、帳簿がつけられないという方は少なくありません。

しかし、確定申告のために、簿記を勉強する必要はまったくありません。

もちろん、知識があるに越したことはありませんが、**いまさら専門外の勉強をするぐらいなら、本業に時間をかけてください。**

経理処理のためにはまず、会計ソフトを活用しましょう。

最近は、体感的に使える会計ソフトがたくさんあります。よく見かけるソフトとしては、「勘定奉行」や「弥生会計」などがあります。お試し版も出ていますから、いくつか操作してみて、**使い勝手のいいものを選んでください。**

取引先に提出した請求書、仕事にかかわる経費の領収書などを保管しておき、その数字を入力していけば、会計ソフトが自動的に集計。必要な帳簿ができあがり、決算書や貸借対照表なども連動して作成してくれます。

帳簿が自分でつくれなくても、まったく問題はありません。
会計書類がつくれる人＝数字や計算が得意な人
というイメージがありますが、それはちょっと違います。
たとえば、パソコンが得意な人は、アプリケーションの操作が得意なのです。
パソコン自体のしくみや構造をすみずみまで理解する必要はなく、自分でパソコンを操作できれば、十分、仕事ができるでしょう。

経理についても、同じことが言えます。

貸借対照表や損益計算書が自分でつくれないからといって、1つ1つの専門用語を理解しなくても大丈夫。会計ソフトに入力するだけで経理処理ができます。

そのためには、2つの大きなお金の流れを押さえておきましょう。

●仕事の売上

●仕事にかかった経費

つまり、「入ってくるお金」と「出ていったお金」を日々記録して、仕事の収支を把握する。これが経理のいちばん大切なポイントです。

苦手意識がある人ほど、むずかしく考えてしまいがちですが、要するに**入金と出金**

の管理ですから、家計簿や小遣い帳をつけるのとあまり変わりません。

フリーランス1年目から、経理の基本をしっかり身につけて、苦手意識を払拭しておきましょう。お金の管理はビジネスの基本でもあります。

最初から税理士に依頼したいという方もいらっしゃいますが、**少なくとも1年目は自力でトライしてみてください。**記帳から引き受ける税理士は少ないですし、コスト的にも高くついてしまいます。入金のタイミングと資金繰り、売上に対する経費と利益率など、ビジネスを展開していくうえでの感覚を磨くことも大切だからです。自分で管理すれば、自分のビジネスについて新たな気づきがあるかもしれません。

毎月決まった額の給料が入ってきた会社員時代とは違い、**すべてが自己責任のフリーランス。**毎日のお金をしっかり管理し、収支に敏感になることが、今後につながっていきます。

第2章

「確定申告」のしくみ

～基本を押さえれば1年目からサクッと乗りきれる

1

確定申告の目的は正しい税額を計算すること

（確定申告の意味）

第1章で確定申告がなぜ必要か、おわかりいただけたかと思います。

確定申告とは、1年間（前年の1月1日～12月31日）の「所得」を計算し、その所得に対する税金を納めるための手続きです。

「所得」とは、ちょっと聞き慣れない言葉かもしれません。

勘違いしやすいのですが、**所得とは「収入（＝売上）」のことではありません**。会社員でいうと「手取り」に近い感覚です。

会社員の場合、給料の額面からもろもろ天引きされています。残ったお金（＝手取り）を自分のものと感じているでしょう。

フリーランスの場合、稼いだお金がすべて自分のものになるわけではありません。**税金や社会保険料などの納付を会社が代行してくれないので、その分を残しておく必要がありますし、自分で計算して税額を確定する必要があります。**それが確定申告という制度です。

会社員の時は、税金を意識しなくても暮らしていけますが、フリーランスになったら税金を意識せざるを得ません。

特に1年目は、会社員時代とお金の流れが違うので、入ってきたお金をまるまる使わないように気をつけてください。「納税後の手取り」を意識するとよいでしょう。

税金の額を算出するもとになるのが「所得」です。

収入から経費を差し引いて「利益」を計算し、そこから認められている金額（「所得控除」と呼びます）を差し引いたものが「所得」になります。

その所得に税率をかけて、税額を確定します。

収入（売上）－経費＝利益

利益－所得控除＝所得

所得×税率＝所得税の額

税率は所得の金額によって異なり、最低5％～最高45％までの7段階があり、所得と税率の関係は次のようになります。

課税される所得金額		税率	控除額
195万円以下		5％	0円
195万円を超え	330万円以下	10％	9万7500円
330万円を超え	695万円以下	20％	42万7500円
695万円を超え	900万円以下	23％	63万6000円

900万円を超え1800万円以下	33%	153万6000円
1800万円を超え4000万円以下	40%	279万6000円
4000万円超	45%	479万6000円

「課税される所得金額」が300万円の場合の税額を計算してみましょう。所得税の金額が、意外と大きいことに驚かれるかもしれません。

300万円×10%－9万7500円＝20万2500円

確定申告書の提出期限は、毎年2月16日～3月15日と決まっており、所得税の納付期限は毎年3月15日です（ただし、2020年は3月15日が日曜のため、翌日の3月16日月曜が期限になります）。

2

（税金の種類）

フリーランスの税金は所得税・住民税・事業税が基本

フリーランスにかかわる税金は、所得税だけではありません。

税金は、自分で計算するものと、行政側が計算するものの2種類があります。

自分で申告する代表的なものが、毎年2月～3月におこなう確定申告です。

これは、国に納める**所得税**と**消費税**に関するものになります。

しかし、消費税については起業1年目と2年目は申告も納付も不要です。

ただし、3年目以降、売上が1000万円を超えたら、消費税を納めなければならないかもしれません。

1年目は考える必要がないので、とりあえず、**消費税は2年前の売上が基準**ということを覚えておいてください（詳細は152頁参照）。

所得税の次に納付が必要なのが、都道府県や市町村に納める**「住民税」**です。

確定申告をすると、その情報が自治体側に自動的に送られ、住民税の額を計算し、5月頃に納付書が送られてきます。

6月・8月・10月・翌年1月の4分割で納付しますが、手続きをすれば、口座振替や一括払いも選択できます。

会社員時代は、給料から天引きされていますから、住民税の存在すら意識していなかったかもしれません。また、会社員は1年分を12分割で毎月天引きされます。一方、フリーランスは年4回の納付となるので、1回あたりの金額が多くなり負担が大きいと感じる可能性もあります。

なお、フリーランス1年目の時に注意が必要なのは、**「住民税は前年の所得に対してかかってくる」**ということです。

たとえば、独立したばかりで収入が減ったとしても、住民税は昨年分、つまり会社員時代の所得に対してかかってきます。

税率は原則として10％。あらかじめ住民税の支払いを意識して準備しておいたほうがいいでしょう。

支払いが遅れた場合は、延滞金が発生するので注意してください。

口座振替の手続きをしておくと、期限日に金融機関が自動的に引き落とします。うっかり納税を忘れて延滞金がかかるという心配もなく、納期の都度、納税に出向く手間が省けます。

また、業種によっては、都道府県に納める「事業税」もあります。

なじみのないものですが、これも住民税同様、確定申告をすれば、自分で計算する必要はなく、都道府県側で税額を計算します。8月に納付書が送られてきて、8月と11月の2回分割で納めます。

税率は3％～5％の3種類。ただし、所得が290万円以上の場合にのみ対象になります。

事業税は70種類の業種にのみ適用されます。

ライターや翻訳者、カメラマン、システムエンジニアなどは課税されませんが、デザイナー、医師、鍼灸師、弁護士、税理士などは課税対象になります。

そのため**確定申告書には「業種」を記入する欄があります。**

収入（売上）―経費＝利益

利益―所得控除＝**所得**

➡ ココが290万円以下なら事業税は課税なし
290万円超なら課税あり

まずはここで判断されるので、事業の実態を正確に伝える言葉を選んでください。

●「事業税」の対象になる事業の種類と税率

・第1種事業（税率5％）

物品販売業、保険業、金銭貸付業、物品貸付業、不動産貸付業、駐車場業、製造業、電気供給業、土石採取業、電気通信事業、運送業、運送取扱業、船舶定係場業、倉庫業、請負業、印刷業、出版業、写真業、席貸業、旅館業、料理店業、飲食店業、周旋業、代理業、仲立業、問屋業、両替業、公衆浴場業（むし風呂等）、演劇興行業、遊技場業、遊覧所業、商品取引業、不動産売買業、広告業、興信所業、案内業、冠婚葬祭業 以上37業種

・第2種事業（税率4％）

畜産業、水産業、薪炭製造業 以上3業種

・第3種事業

（税率5％） 医業、歯科医業、薬剤師業、獣医業、弁護士業、司法書士業、

行政書士業、公証人業、弁理士業、税理士業、公認会計士業、計理士業、社会保険労務士業、コンサルタント業、設計監督者業、不動産鑑定業、デザイン業、諸芸師匠業、理容業、美容業、クリーニング業、公衆浴場業（銭湯）、歯科衛生士業、歯科技工士業、測量士業、土地家屋調査士業、海事代理士業、印刷製版業 以上28業種

（税率3％） あん摩・マッサージまたは指圧・はり・きゅう・柔道整復その他の医業に類する事業、装蹄師業 以上2業種

所得税・住民税・事業税のいずれも、「所得」の金額をもとに、算出されます。

つまり、**確定申告の際に、税金の計算の基となる「所得」の大小により、連動して所得税だけではなく、翌年の住民税や事業税も増減します。**

経費や控除を証明するための領収書をきちんと保存して、確定申告をするように心がけましょう。

3

（申告書の提出方法）

税務署に出向かなくても確定申告はできる

確定申告は、最寄りの税務署でおこないます。

注意してほしいのは市町村ごとに税務署があるわけではないということです。東京23区のように、納税者が多い地域では、区に複数の税務署がありますし、逆にいくつかの市に1つという場合もあります。自分が住んでいる地域の所轄の税務署がどこか、事前に確認しておきましょう。

ちなみに申告書は**居住地の税務署に提出することになりますが、例外としてオフィスの所在地が管轄の税務署で確定申告することもできます。**

確定申告の提出方法には3種類あります。

●電子申告（e-Tax）…インターネットを利用。事前手続きが必要
●郵　送……………簡易書留を推奨。消印の日付が提出日になる
●持　参……………税務署の窓口に提出、または時間外収受箱に投函

電子申告を希望する場合は、まず所轄の税務署に「電子申告等開始届出書」を提出します。届出書はインターネットを通して提出でき、「利用者識別番号」などがオンラインで発行されます。書面での提出も可能で、マイナンバーカードを使った方法もあります。

電子申告の場合は、3月15日の24時までなら期限内として認められています。ただし、回線の不調などのネットトラブルもありえるので、余裕をもっておこないましょう。

申告書を郵送する場合は、消印の日付が提出日になります。

期限ギリギリに投函すると、消印が翌日以降になるかもしれません。
時間的に余裕がない場合は、ポスト投函より郵便局の窓口に直接持っていくほうが確実です。

事前の手続きさえしておけば、**いちばん手間がかからないのが電子申告ですが、1年目は、税務署に行ってみるのもいいかもしれません。**時間がある時に一度、出向いて税務署の雰囲気をリサーチしておくのは悪くないと思います。
確定申告の書類をはじめ、税金関連のいろいろな資料も置いてありますし、確定申告の季節には相談コーナーが設けられています。

開庁時間は、月曜~金曜（祝日を除く）の午前8時30分~午後5時まで。ただ、一部の税務署では、確定申告期間中の日曜（2回程度）も、確定申告の相談や申告書の提出を受け付けています。

また、税務署の玄関付近に設置されている「時間外収受箱」へ投函して提出することもできます。

税務署に出向く場合は、提出用と控え用の申告書をつくりましょう。税務署で受領印を押してくれます。確定申告書を取引先などに提出する必要がある場合、受領印がないと正式な申告書と認めてもらえないので注意しましょう。「控え」は忘れがちなので、1年目は持参したほうが無難かもしれません。

郵送や時間外収受箱へ投函した場合は、控えと一緒に、切手を貼った返信用封筒を同封しましょう。後日、受領印を押した控えが返送されます。

電子申告の場合、書面で提出した時のような受領印はありません。

データ送信後に送られる「受信通知」に、受付日時・受付番号等が記載されていて、この通知が税務署の受領印にあたります。

4

（納税方法と期限）
税金の納付期限は3月15日。納税方法は振替納税がおすすめ

確定申告をして税額が確定したら、所得税を納めなくてはなりません。

納付の仕方はいろいろあり、大きく分けると「金融機関の口座から」「インターネットの利用」「クレジットカード払い」「コンビニ払い」「現金払い」の5つになります。

おすすめなのは、「振替納税」です。一度、手続きをしてしまえば、申告書を提出した後、指定した口座から自動的に引き落とされます。納付書を書いたり、インターネットで申し込みをしたり、銀行や窓口に出向く手間もありません。

また、振替納税だと支払いが約1カ月先になります。所得税の納付期限は3月15日ですが、振替納税の場合、税金が実際に口座から引き落とされる日は、2020年に

ついては4月21日です。

もう1つのメリットが、**振替納税を登録しておけば、2年目以降に「予定納税」が発生した時でも、自動引き落としになる**ことです。

予定納税とは、「前年分の納税額」が15万円以上になった場合、前年分の納税額の3分の2を、7月と11月の2回に分けて前払いする制度です。

納付時期が近づいたら、税務署から納付書が送られてきます。通常は金融機関などで支払いますが、振替納税を指定しておけば口座から引き落とされます。

予定納税もそれなりの金額になるので、残額不足には気をつけてください。

ただし1年目は振替納税による口座引き落としではなく、現金納付をして納税を実感するのもよいかもしれません。

翌年の確定申告で税額が予定納税額より多くなった場合は不足分を納付します。下回った場合は、納めすぎていた分が戻ってきます。これを「還付」と呼びます。

5

（税金の還付とは）

会社を辞めた直後や、源泉徴収される業種は税金が戻る可能性が高い

確定申告は、税金を払うためだけの手続きとは限りません。

55頁で「予定納税」で納めていた額が多かった場合、「還付」になると説明しました。**還付とは文字通り、払いすぎた税金が戻ってくることです。**

フリーランス1年目の場合、確定申告自体、初めておこなうわけですから、予定納税はありません。しかし、**還付が受けられるケースはあります。**

では、どんな時に税金が戻ってくるのでしょうか。

具体的には、次の2つが考えられます。

●年の途中で会社を辞めて、フリーランスになった場合

●報酬から源泉徴収される業種の場合

たとえば、8月に会社を退職し、9月からフリーランスとして活動を始めた人は、1月～8月まで給与が支払われています。

辞める時に、会社から「源泉徴収票」をもらっているはずです。源泉徴収票には前払いしている税金の額が記されています。税金を支払った証明書として確定申告の時に使いますから、なくさないよう大切に保管しておいてください。

なお、注意してほしいのですが、**「給与明細書」は証明書になりません**。

確定申告の際には公的に認められているものだけが証明書になります。

9月以降、12月までフリーランスとして得た収入（売上）と、会社員時代の給与の額を合算して確定申告をします。開業当初から売上が大きければ別ですが、還付になる可能性が大きいでしょう。

また、フリーランスで得た報酬に対して、「源泉徴収」される場合もあります。

源泉徴収とは取引先が報酬から税金分を差し引いて納付を代行する制度です（20頁参照）。

1年目はなかなかピンと来ないかもしれませんが、取引先から報酬の全額が振り込まれるわけではありません。会社員時代と同じく、フリーランスもまた、予定納税や源泉徴収などで税金を前払いしているのです。

ただし、源泉徴収される業種とされない業種があり、法律的には源泉徴収される対象は、以下のように定められています。

①原稿料、講演料、デザイン料など
②弁護士、公認会計士、司法書士などに支払う報酬
③社会保険診療報酬支払基金が支払う診療報酬
④プロ野球選手、プロサッカー選手、モデルなどに支払う報酬

⑤芸能人や芸能プロダクションを営む個人に支払う報酬
⑥宴会などで接待をおこなうコンパニオンへ支払う報酬
⑦契約金など役務の提供を約することにより一時に支払う契約金
⑧広告宣伝のための賞金や馬主に支払う競馬の賞金

具体的には、ライター、デザイナー、カメラマン、イラストレーター、システムエンジニア、漫画家、翻訳者、ミュージシャン、歌手、作詞家、作曲家などのクリエイティブ系の職業や、士業と呼ばれる弁護士や公認会計士、プロスポーツの選手、芸能人、コンパニオンなどは源泉徴収される仕事です。

報酬が100万円以下の部分は所得税率は10%。100万円超の部分は20%です。これに加え、復興特別所得税（0・21%、100万円超の部分は0・42%）が引かれます。

●源泉徴収額の計算方法

・1回に支払われる額が100万円以下の場合
支払われる額×**10・21％**

・1回に支払われる額が100万円超の場合
100万円×10・21％＋（支払われる額─100万円）×**20・42％**

たとえば、10万円の仕事を年間50本やって、収入（売上）が年間500万円なら、およそ50万円の税金を前払いしていることになります。

ただし、これは仕事のために使った経費などはまったく関係なく、報酬の額から自動的に差し引かれています。

ほんとうの税額は、収入から経費などを引いた利益の額によって変わりますから、確定申告で収支をあらためて算出し、税額を計算し直すと、還付になる可能性が大きいのです。

注意が必要なのは、**確定申告をおこなわない限り、払いすぎた税金は決して戻ってこない**ことです。予定納税や源泉徴収で国が税金をとり損なわないようにするシステムは整っていますが、「もらいすぎていますよ」という連絡は一切ないのです。自動的に戻ってくることはありません。

還付申告をしない場合、所得と連動する住民税や健康保険料なども高めになってしまうかもしれません。もともとは国にあずけた自分のお金です。確定申告で正々堂々ととり戻しましょう。

なお、**還付申告の場合、毎年1月1日から受け付けています**。早めに申告すれば、還付金の振り込みもそれだけ早くなります。また、**還付がある場合は、5年さかのぼって申告できます**。それも覚えておいてください。

6

（赤字の確定申告）

還付になる場合だけでなく赤字でも確定申告はしたほうがいい

源泉徴収される業種の方は、確定申告をしても還付のみというケースがあります。税金を前払いしているので、追加で納める所得税はありません。

また、1年目は経費のほうが多くなり、赤字決算になる可能性もあるでしょう。税額を算出する根拠となる所得がゼロなので、税金も発生しません。

では、このような場合、確定申告はしなくていいのか？

答えはNO！です。

なぜなら、**確定申告のデータは都道府県や市町村に送られ、そこに記載されている「所得」が、事業税や住民税、健康保険料を決める根拠になっているからです。**

確定申告しなければ、データのないまま、宙ぶらりんの状態です。

ほかの税金が未納になってしまい、延滞金が発生しますし、さらには、健康保険証が発行されないということもありえます。

また、所得の証明になるものがなくなる点にも注意が必要です。


赤字の場合は、「所得がゼロである」と証明するために確定申告をします。

所得が低い時は、健康保険料の納付が免除になったり、児童手当が支給されるなど、行政サービスが受けられる可能性があります。

苦しい時に支援を受けるのは当然の権利ですので、活用できるものはしっかり活用して乗りきりましょう。権利を確保するためにも申告してください。


確定申告書の提出期限は毎年、3月15日です。

遅れた場合でも受け付け自体は可能で、税務署から怒られることもなく、淡々と受け取ってもらえます。

ただし、遅れて提出した場合は、金銭的なペナルティが発生し、「延滞税」「無申告加算税」といった余分な税金を払うことになります。**期限内に提出できなかった場合でも、なるべく早く提出してください。**1日でも早いほうがペナルティの額が少なくてすみます。

では、無申告でいた場合はどうなるのでしょうか。

1年目から無申告でもしばらくの間は何ごともないかもしれませんが、その後税務署から必ず連絡があります。そして1年目からの税金をさかのぼって追加徴収されます。直接、電話がかかってくることもありますし、「お尋ね」という書面が郵便で届いたりします。内容は、

「確定申告の提出がないようなので、**すみやかに提出してください**」

「税務署で税額を計算しますので、請求書・領収書などの**必要書類を持ってきてください**」

「オフィス、または自宅に**調査にうかがいます**」

といった感じで、**お尋ね→呼び出し→訪問調査**と強くなっていきます。

いきなり訪問というケースは少ないですが、税務署からの連絡や呼び出しを無視していると、税務調査に発展しかねません。

いったん調査が入ると、通帳や帳簿一式の提出が求められ、領収書もきびしくチェックされます。相手もプロですから容赦がありません。不正が見つかれば何年もさかのぼって調べられます。

もっとも、この本の読者のみなさんは、申告をしないなんてことはないですよね。

本業以外の余計な負担や出費を避けるためにも、期限内に申告しましょう。

7

（税務署の無料相談）

税務署の無料電話相談や記帳指導を積極的に活用

初めての確定申告は、戸惑うことも多いでしょう。どこに相談したらいいのか、わからないかもしれません。そういう時は**まず、最寄りの税務署に聞いてみましょう。**意外に思われるかもしれませんが、税務署には確定申告に関連するサービスがいろいろ用意されています。無料で受けられるので、上手に活用しましょう。

●税務署の電話相談

税務署の開庁時間に電話すると、**自動の音声ガイダンス**が流れます。該当の番号を選ぶと直接、職員に質問することができます。

確定申告の時期だけでなく、1年中対応してくれますので、疑問点があれば、電話で相談してみましょう。1人でもやもやしたり、間違った情報に振り回されることもありません。

資料などを手元に置き、質問のポイントを整理してから電話してください。

ただし、税務署の無料相談は頼もしい存在ですが、節税のアドバイスはしてくれません。「税金を正しく計算して、きちんと確定申告をしてもらう」ことが仕事なので、節税につながるような制度や特例については、自分である程度調べてから、**「この制度は私に適用になりますか?」「必要な書類はどういったものですか?」**というふうに質問するようにしましょう。

●税務署による無料記帳指導

税務署は初心者を対象に、以下のような「記帳指導」を実施しています。

記帳の基本を知るために利用するのもいいでしょう。

・会計ソフト方式……パソコンと会計ソフトを使い、記帳の仕方などを説明
・説明会方式…………資料に基づき、記帳の仕方などを説明
・個別指導方式………自宅やオフィスを訪問してマンツーマンで指導（税理士が派遣される）

ただし、税務署によって内容や実施時期が違います。

また、記帳指導は確定申告前の準備という位置づけなので、早めにスケジュールを組んでいることがほとんどです。

記帳指導を希望する場合は、確定申告の時期になってあわてないよう、前もってリサーチしておきましょう。

●税理士による無料相談会

確定申告の時期になると、全国各地で無料相談会が実施されます。

いちばん身近なのが、各税務署が主催する無料相談会でしょう。申告書の不明点を聞いて解決すればそのまま提出できます。

ただし、かなり混雑しているので、手取り足取り教えるのがむずかしいのが現実です。**時間に余裕をもって来署することをおすすめします。**

税務署主催の無料相談会とは別に、全国の税理士会や支部でも、税理士による無料相談会を実施しています。「税理士記念日」の２月23日前後に開かれることが多いので、**各税理士会のホームページで日程を確認してください。**

また、多くの税理士会では通年で、税理士による無料相談会を開催しています。面談のみ、面談も電話相談もＯＫなど対応もいろいろです。原則、**要予約で相談時間は30分以内**としている税理士会が多いようです。

なお、日本税務研究センターでは、日本税理士会連合会と連携し、全国税理士共栄会の支援を受けて、電話による無料税務相談を受け付けています。

8

（確定申告の相談先）
地元の青色申告会や商工会議所にも足を運んでみよう

税務署や税理士会のほかにも、会員になることで相談できる窓口があります。会費が必要になりますが、興味があれば、のぞいてみるとよいでしょう。

●青色申告会

青色申告会とは、個人事業主・一人親方・フリーランスなどの小規模事業者で構成される納税者団体です。全国の税務署ごとに組織されています。

4章で詳しく説明しますが、確定申告には複式簿記で記帳する「青色申告」と、簡易帳簿を使う「白色申告」があります。

会員になると、会計ソフトの使い方、記帳に関する個別指導が受けられます。

経費の分類や申告についてのアドバイスのほか、法律相談や各種講習会に参加でき、会員同士の交流やレクリエーションなども提供しています。

会費は、会によってさまざまですが、**月2000円程度のところが多いようです。**

●商工会議所

商工会議所とは、地域に根差した会員制の経済団体で、経営指導や会員同士の交流イベント、融資や補助金制度などさまざまなサービスを提供しています。

地元企業の発展のために、公的な活動をおこなっていて、法人・団体のほか、フリーランスも加入できます。**東京商工会議所の場合、入会金が3000円、個人の場合、年会費は1万円です。**

会員になると、確定申告の無料相談が受けられます。相談内容は商工会議所によって違い、税務相談と記帳指導の両方に対応しているところもあれば、どちらか片方のみの場合もあります。

9

後ろめたいことがなければ税務調査はこわくない

（税務調査の対処法）

フリーランスになると「税務調査」があり、いろいろ調べられるかもしれないということは、なんとなくご存じでしょう。

有名タレントの「申告もれ」が話題になることもありますね。

長年、無申告で納税をおこたっていたばかりか、社会保険料も払っていなかったことが明らかになり、活動自粛に追い込まれることもあるでしょう。

国民の義務を果たしていないと、社会的な信用を失いかねません。

一般人の場合でも、税務調査が入ることは普通にあります。

いきなり訪問ということはなく、まずは電話で連絡があり、税務署に呼び出されるパターンが多いはずです。税務署から連絡があっただけで驚きますが、ここは無視せず、きちんと対応してください。

まずは落ち着いて、指定された日の都合が悪ければ、延期をお願いしましょう。

「仕事が立て込んでいる」「家族の介護中ですぐには時間がとれない」など、きちんとした理由を説明すれば、税務署側もわかってくれます。

本業に追われて確定申告できなかった時は、まずはあやまり、「資料や帳簿をまとめる時間をください」と率直に伝えてください。

税務署員も人間。いい加減な気持ちでなければ理解してもらえるはずです。

そもそも後ろめたいことがなければ、「税務調査」はこわくありません。

知識が不十分で適切な処理ができていないことを指摘されたら、正直に認めればいいわけですし、よく問題になる経費についても、ほんとうに仕事に使ったことを正々堂々と主張すればいいのです。逃げ回らずに覚悟を決めて対応してください。

税務調査が入るとうろたえ、今までおつきあいがなかったのに、突然、税理士に立ち会いを依頼してくる方も時々いらっしゃいます。

そこでまず理解していただきたいのは、**税理士が入れば税金を払わなくてすむとは限らないということです。**

立ち会い前に、資料や帳簿には目を通しますし、ひっかかる点があれば遠慮なくお聞きします。経費に計上できないものや所得隠しが見つかった場合は、自分から修正を申し出ることをおすすめします。

単純な計算ミスや思い違いの場合と故意におこなった場合では、調査員の印象が全然違います。ゴネずに自発的に認めたほうが、ペナルティも低く抑えられるのです。

「見解の相違」で、たびたび問題になる経費についても同じです。

法人なら「福利厚生費」として、社員旅行の費用やフィットネスクラブの法人会費なども経費にできますが、フリーランスの場合は認められません。家族での外食や帰省費用などもプライベートな出費なので、経費にはなりません。

ただし、**リビングに置いてあるパソコンが家族と共用ではなく、仕事で使うものだったり、レストランの食事が仕事相手との打ち合わせであれば立派な経費**ですから、先方があやしんでも納得してもらえるよう説明します。

つまり、税理士にできるのは、黒を白と言いくるめるのではなく、グレーゾーンにあるものを、正しく処理することだけなのです。

税務調査は赤字決算が何年も続いている人、収入（売上）や利益の変動が大きい人、所得に比べて高額な不動産を購入した人などが対象になりやすいと言われています。

なお、**通常の調査は過去３年分ですが、不正があった場合は最大過去７年分さかのぼって調査されることもあります。**

10

（確定申告の訂正）
申告の間違いに気づいたら提出後でも修正できる

確定申告は、1年間の収支や諸控除、納税すべき金額などについて、文字通り「確定した」金額を申告するものです。

しかし、**人間がやることですから間違いはつきもの**。まして、1年目ならもれなく申告したつもりでも、後から間違いに気づくかもしれません。

そのため、提出後も、間違いを修正するしくみが用意されています。

確定申告の修正は、間違いに気づいたタイミングが、申告期限の前か後かによって手続きが異なります。また、申告期限以後に修正する場合は税額が多すぎた場合と、税額が少なすぎた場合でも手続きの仕方が違ってきます。

●申告期限前に間違いに気づいた場合　→**訂正申告**
●申告期限後に間違いに気づき、本来の税額より納税額が多い場合　→**更正の請求**
●申告期限後に間違いに気づき、本来の税額より納税額が少ない場合　→**修正申告**

それぞれについて、説明していきましょう。

●訂正申告

確定申告書の提出期限は毎年3月15日です。

ところが、申告書を提出した後に帰ってきて、ふと申告書の控えを眺めていたら、計算の間違いや必要書類の添付もれに気づいてしまった…。

そんな時には、正しく計算した確定申告書を新たに作成して税務署に提出する訂正申告をおこないます。

申告書と控えの余白に朱書き（赤のボールペンなど）で「訂正申告」と書き、「最初に申告した日付」「前回間違って申告した税額」を記入してください。提出の際は本人確認書類の提示、またはコピーの添付が必要です。

税務署では、期限内に2枚以上の確定申告書が提出された場合は、最後に提出されたものを確定版として扱います。つまり、**間違いがあれば何回でも訂正申告ができる**ことになっています。

添付書類は最初の申告時に提出していれば不要ですが、訂正にかかわる書類がある場合は添付が必要です。

たとえば、生命保険料控除が抜けていたならその証明書を、収支に誤りがあった場合などは、正しい青色申告決算書や収支内訳書などを添付します。

電子申告の場合は、訂正した申告データを再送信し、追加の添付書類などを郵送などで提出します。なお、訂正した申告書類を紙で作成して提出することもできます。

訂正申告は税額の増減にかかわらず手続きは同じです。ただし、1回目の申告に基づいて還付手続きがすでにおこなわれている場合、訂正申告ができなくなるケースがあるので、気づいたらすみやかに手続きしましょう。

●更正の請求

更正の請求は、申告期限を過ぎた後、計算間違いや源泉徴収されていた報酬の計上を忘れていたなど、より多く納税していたことに気づいた場合に、**還付を受けるためにおこなう手続きです。**

更正の請求をおこなう時は、税務署で「更正の請求書」をもらい、請求の根拠となる書類を添付して税務署に提出します。

また、国税庁ホームページの確定申告書等作成コーナー（https://www.keisan.nta.go.jp/kyoutu/ky/sm/top）から、オンラインで手続きすることも可能です。

更正の請求があると、税務署では調査や審査をおこない、請求の内容が適正であれば還付されます。**更正の請求ができる期限は、通常5年以内です。**還付金は、納付してからの期間に応じて還付加算金（利息にあたるもの）が加算されて支払われます。

更正の請求をしなければ、払いすぎた税金は絶対に戻ってきません。

1年目によくわからないまま、確定申告をしてしまっても、還付がある場合、有効期限が5年間あると覚えておきましょう。

●修正申告

申告期限を過ぎた後に、**納税額が少ないことに気づいた場合におこなう手続きが修正申告です。**

提出したものと同じ確定申告書の見出しを「修正申告書」と書きかえ、修正にかかわる明細書などの必要事項を記入して税務署に提出します。

「修正申告」は有名人の脱税に関する報道でしばしば登場するので、耳にしたことがあるかもしれません。故意の所得隠しなど確信犯的な過少申告は論外ですが、**単なるミスが原因でも放置するとペナルティがあります。**

税務調査を受けてから修正申告すると、「過少申告加算税」（10％または15％）が課されますし、**申告自体がなかった場合には「無申告加算税」**、悪意のある脱税とみなされると「重加算税」（35％または40％、5年以内に繰り返すとさらに10％加算）が課されます。**これに加え、「延滞税」が原則、日数に応じてプラスされます。**

税務調査になってあわてて修正申告した場合は、ペナルティがしっかりありますが、**税務調査のお知らせ前に自主的に修正申告をすると、過少申告加算税は課されません。**自発的に間違いを認めて正しい納税に努めるなら、延滞税のみですみます。

悪意がなかったとしても放置したままだと、悪意のある脱税とみなされてしまうかもしれません。間違いに気づいたら、1日でも早く修正申告をおこないましょう。

11

（1年目は自力で）
税理士に頼らず まずは自力で確定申告しよう

初めての確定申告は、わからないことが多く、投げ出したくなるかもしれません。税理士に依頼したいという気持ちになる人もいるでしょう。

しかし、**1年目だからこそ、苦労しながら、やりとげていただきたいのです。**

1つは税理士でも、まったく整理されていない、1枚1枚の領収書を整理する段階から、お引き受けするのはむずかしいからです。

特に、確定申告の時期は税理士も繁忙期。すでに予定を組んでおり、突発的なお客様の依頼に対応する余裕がないかもしれません。

お金さえ払えば、税理士が100％味方になってくれ、場合によっては脱税まがいのアドバイスをしてくれると勘違いしている人もいます。

税理士は税務署の回し者ではありませんが、一緒にウソをつくこともしません。

経費にならないレシートを見つけたら指摘しますし、希望通りの納税額に調整することもできないのです。

適正な処理をすれば、税理士がやっても、あなたがやっても、結果は変わらないでしょう。

1つ1つのお金の流れを知っているのは、あなた自身です。

今後、**フリーランスとして活動を続けるため**にも、1年目から確定申告や税金のことをしっかり勉強してください。

さらに今後、税理士に依頼する場合も、どんな処理をしてこの結果になったのか、理解できますし、納得したうえで納税できます。

日本では、「**タックスペイヤー**」の自覚がない人もいます。

社会人の多くが会社員で、給与から源泉徴収されている税額がいくらか、よく知らないのですから、税金の使い道に対してもちょっと無関心です。

しかし、フリーランスになった以上、無関心ではいられません。

自分の稼ぎから税金を納める。これがリアルにわかるからこそ、タックスペイヤーとしての意識が芽生え、適正な納税をしたいと思うわけです。

社会のインフラは税金でまかなわれています。学校、道路、教育、医療……。恩恵を受ける行政サービスの数々が税金によって支えられています。

タックスペイヤーの自覚を持ちながら、**お金の流れ、経理の仕方、税金を通した世の中のしくみ**を理解しておくこともフリーランスに欠かせないスキルだと思います。行政や政治に対して堂々と意見を言いたいものです。

税理士に丸投げするのではなく、まずは基礎となる数字を集計して、自分なりに確定申告書をつくってみましょう。

そのうえで税理士に依頼するなら、ポイントを絞ってください。

・判断にまよったところだけ教えてもらう
・最終チェックだけを依頼する
・税務調査の立ち会いを依頼する

などが現実的ですし、出費も抑えられます。

表面的な売上や経費を見ただけでは、適切に処理されているかわからないので、税理士も結局、帳簿類にすべて目を通さないと責任が持てません。

税理士は、多種多様な業種のクライアントとおつきあいがあります。

会計や税法だけでなく、経営・経済などに関する情報も持っているので、ビジネス上のヒントやアドバイスが受けられることも期待できます。

●税務署の電話相談の流れ

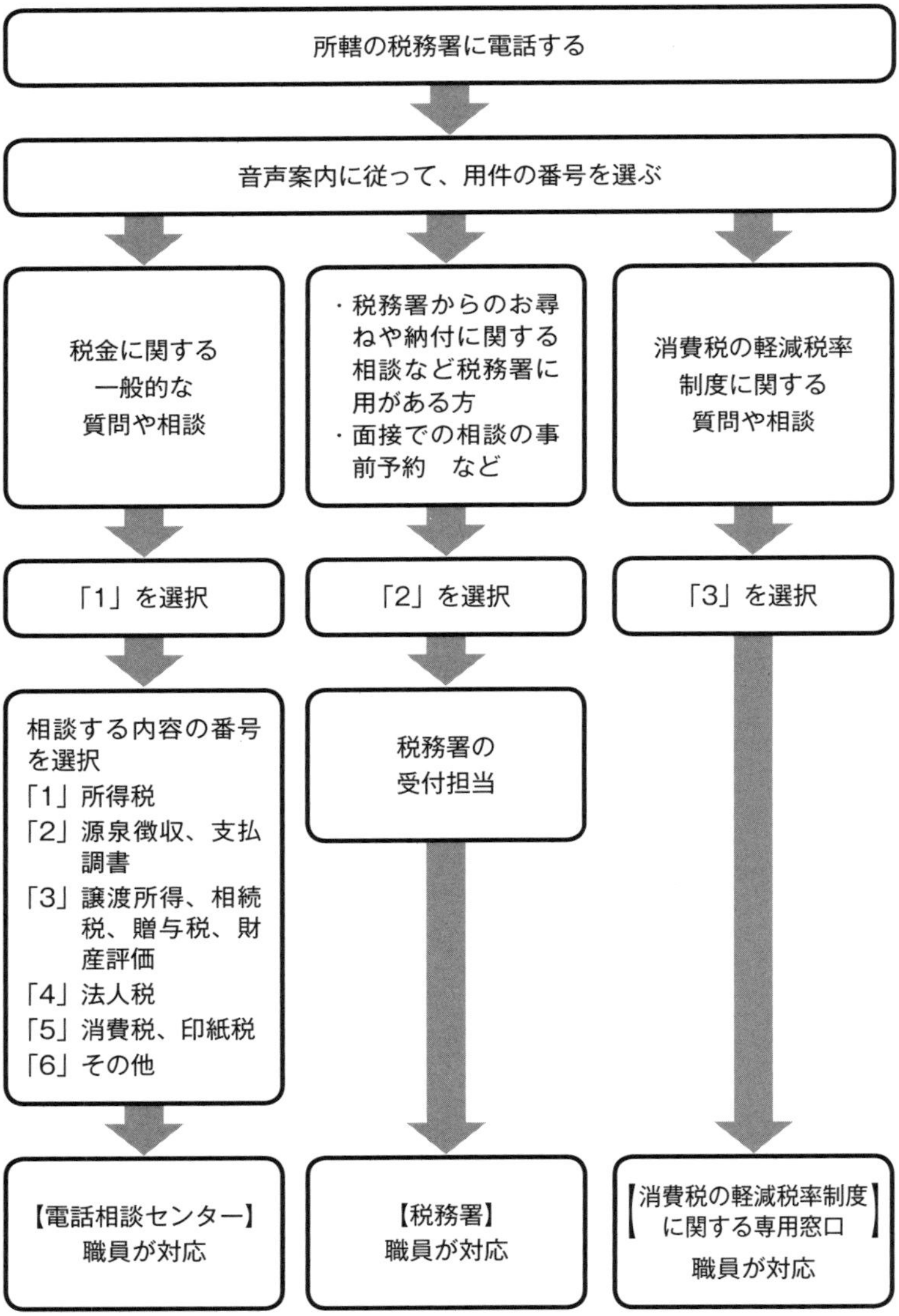
所轄の税務署に電話する
音声案内に従って、用件の番号を選ぶ
税金に関する
一般的な
質問や相談
・税務署からのお尋ねや納付に関する相談など税務署に用がある方
・面接での相談の事前予約　など
消費税の軽減税率
制度に関する
質問や相談
「1」を選択
「2」を選択
「3」を選択
相談する内容の番号を選択
「1」所得税
「2」源泉徴収、支払調書
「3」譲渡所得、相続税、贈与税、財産評価
「4」法人税
「5」消費税、印紙税
「6」その他
税務署の
受付担当
【電話相談センター】
職員が対応
【税務署】
職員が対応
【消費税の軽減税率制度に関する専用窓口】
職員が対応

第3章

「確定申告」のための経理

～「売上」と「経費」を日々記録するクセをつける

1

（口座の管理）

1年目からお金を管理できれば2年目以降がラクになる

第3章では、具体的なお金の管理についてお話ししていきましょう。

独立当初は、やることがいっぱいあります。慣れない経理や確定申告を自力で処理すると時間をとられてしまいますが、ほかにやってくれる人はいません。

こういった作業も含めてフリーランスの仕事と考えてください。

1年目から、帳簿付けから確定申告まで、経理のポイントを理解して流れをつくってしまえば、2年目以降がラクになり、本業に集中できます。

売上や経費を集計する第一の目的は、自分の**ビジネスの状況を知る**ためです。

フリーランスとして働いた結果、収支はどうだったか。

それをしっかり認識するための作業が経理です。

確定申告は1つのゴールですが、経理はそのためだけではありません。

フリーランスになると、会社員時代とはお金の流れが違ってきます。

売上はどうか、経費はどのくらいかかるか。毎日、毎週、毎月、入出金を管理すれば、自分の事業についても、あらたな気づきが生まれるでしょう。

収支を把握することで、今後の目標や人生設計も立てやすくなります。

税務署のために集計するのではありません。経理にしろ、確定申告にしろ、しくみを理解して慣れてしまえば案外むずかしくないものです。

確定申告の注意点は2つあります。

1つ目は、**税金を払いすぎて損しない（適正以上の税金を払わない）こと。**

もう1つは、**確定申告の準備に時間をとられすぎないことです。**

確定申告でゆううつな気分にならず、本業の生産性を落とさないことも大切です。

金銭面だけではなく、時間や気分でも損しないように気をつけましょう。

2

（記帳は発生主義）
売上は入金段階ではなく仕事が終了した時点で計上する

確定申告の対象期間は、前年の「1月1日〜12月31日まで」です。2020年の確定申告は2019年の年初〜年末までの1年が対象になります。

1年目でつまずきやすいのが、**売上をいつ計上するか**です。預金通帳を見て、入金日をもとにすればいいと思っていませんか。じつはそれは間違いで、経理的には、**商品や成果物を引き渡した時点で計上する**のが正解です。

特に、請求と入金がズレる時は注意が必要です。たとえば、**1月に仕事が終わって請求書を出し、入金が3月になる場合は、1月の売上に計上します。**

入金ではなく、「納品」が基準になると覚えてください。

特に注意が必要なのは、年をまたぐことになる取引です。12月に納品した仕事は、入金が翌年でも、納品した12月の年の売上に計上しなければいけません。

これを「発生主義」と呼び、「売掛金」として処理します。

支払いに関しても同じで、請求書払いの物は購入した時点で経費として処理してください。「買掛金」や「未払金」という扱いになります。

税務調査では、売上の計上日がよくチェックされます。

今年の売上か、翌年になるかは、2年間を通してみれば結果的には同じですが、確定申告は1年ごとに区切って計算するので、大きな違いになります。

12月納品分を入金が1月だからと、翌年の売上にした場合は「過少申告」になってしまいます。発覚すれば、故意に操作した「所得隠し」とみなされる可能性もあるので注意してください。

3

（申告すべき収入）謝礼・ご祝儀や家事消費分も忘れずに入れておく

売上をまとめる際、注意したいのが**本業以外の副収入的な報酬をもらった場合**です。

たとえば、次のようなケースが考えられます。

- 取材やインタビューに応じた時の**謝礼**
- 会合などに出席した際の**お車代**
- 出版記念会を開いた時にもらった**ご祝儀**
- 単発のセミナーで講師を務めた時の**講師料**
- 報酬のかわりに渡された**商品券やギフト券**

こういった収入も**「雑収入」**として計上してください。

商品券などは基本的には現金収入と同じになります。

会社員の場合、会社側が源泉徴収と年末調整をしているので、20万円以下の雑収入は申告不要です。この情報は比較的よく知られているため、メインの仕事以外の報酬が20万円以下ならスルーしてもいいと思いがちです。

しかし、**フリーランスは会社員のような給与所得ではないので、金額にかかわらず、きちんと計上してください**（172頁参照）。

また、聞き慣れない言葉だと思いますが、「家事消費」というものもあります。

これは主に販売している商品や材料に関するもので、商品や材料を自分で消費した場合に収入として計上するものです。

家事消費の金額は、原則として定価の70%、または仕入れ金額の高いほうが適用されます。どんなケースが該当するか、あげてみましょう。

●仕入れた食材を家族4人の食事に使った場合

飲食店で仕入れた食材を食べてしまった時は、通常の販売価格の70%を家事消費として計上します。たとえば、1食分が1000円だとすれば、次のようになります。

1食1000円×70%×家族4人＝2800円（※仕入金額との比較は省略）

●大工さんが自分の家を自分で建てた場合

労働の提供は家事消費に該当しません。ただし、売りものの材料を使った場合は、その材料分を家事消費として計上します。

●商品を友人に定価より安い金額で販売した場合

定価と販売価額との差額が、家事消費となることがあります。

●使わなくなった仕事用のパソコンを友人にあげた場合

販売する商品ではない消耗品も家事消費の対象になることがあるので、注意が必要です。

ちょっとめんどうですが、**飲食店などを経営している場合、家事消費の金額がゼロというのは、税務署から目をつけられやすいところです。**

税務調査の時もよく指摘される部分なので、きちんと計上するように注意してください。

4

領収書やレシートがあってこそ「経費」と認められる

（経費と領収書）

会社員には「経費」という概念がありません。

もちろん、交通費や接待交際費、出張費など、会社に請求する経費はあります。

しかし、それはあくまで立て替えたお金に対する「精算」であり、社員個人の所得や税額に直接かかわってはきません。

会社員の場合は給与から税額が計算され、源泉徴収されているので、納税と経費の関係を意識することはないでしょう。

しかし、フリーランスには経費が認められています。

経費とは、「売上を獲得するために必要な支出」です。

同じ100万円の売上でも、経費が80万円か、10万円かで利益がまったく違ってきますが、売上獲得のために必要な支出なら、金額に関係なく全額が経費と認められます。「必要経費」と呼ぶこともあるのはそのためです。

売上－経費＝利益

（利益－各種控除）×税率＝納税額

フリーランスの場合、ざっくりと右の計算式で税額が決まります。

計算式をあらためて見てください。

利益が多ければ納税額も多くなるので、なるべく低く抑えたいのが人情です。

税金を少なくするには、売上を減らすか、経費を多くするしかありませんが、売上は相手があり、自分で操作することはできません。まして、売上が多いのは業績が好調な証拠で喜ばしいことです。

しかし、経費のほうは、ある程度、自分で決められます。
経費をもれなく計上することが「節税」につながり、確定申告のポイントになります。

ただし、自分がビジネスに必要だと判断すれば、すべてが経費になるわけではありません。なににいくら使ったのかを示す、きちんとした証拠が必要です。

その裏付けになるのが領収書やレシートです。**経費と領収書は必ずセットになるのが原則です。支払いの都度、もらう習慣をつけましょう。**

ただし、領収書さえあれば、なんでもOKなのではありません。

事業とまったく関係のない領収書をかき集めて経費に見せかける。根拠のないこじつけで事業用の出費と偽るなど、本来経費でないものを経費に計上することが、節税のテクニックだと思っている人がいますが、それは違います。

もう一度、言いますが、**「売上を獲得するために必要な支出」が経費**です。

寝る間を惜しんで働いているから、食事やお酒もすべて経費だとか、四六時中、仕事のことを考えているから、家族と一緒に見る自宅の大画面テレビまで事業用だと言い張るのは、正直無理があります。

正しいテクニックとは、一見、仕事と関係がなさそうな出費に関しても、ほんとうに必要だという根拠を、正々堂々と説明できるようにしておくことです。

たとえば、セミナーの講師を頼まれたので、前日に理髪店や美容院に行った。こういう場合は、その費用が経費にあたります。また、テレビ出演を依頼され、スーツやワンピースを新調した。これもまた正当な理由があれば、経費として認められるでしょう。

領収書に加えて「根拠」が必要です。**なんのために使った経費なのか、領収書の余白にメモしておくと、税務調査があった時にも堂々と主張できます。**

経費に関してはルーズにならず、1年目からきちんと管理してください。

5

（経費は正しく計上）

ビジネスの「経費」とプライベートの「出費」はしっかり分ける

フリーランスの場合、仕事と生活の場が同じという場合も多いでしょう。知らず知らずのうちに、ビジネスの「経費」とプライベートの「出費」がごっちゃになり、公私混同になりがちです。

それを防ぐためにおすすめしたいのが、**銀行の口座を「事業用」と「家庭用」に分ける**ことです。

たとえば、A銀行を事業用、B銀行を家庭用に決めてください。

そして、事業用の口座からは、ビジネスに関するものしか入出金しないと決めてしまいましょう。もちろん、報酬の振り込みも事業用の口座を指定してください。

通帳とにらめっこしながら1つずつの取引をチェックし、これは事業用、こっちは家庭用と仕分ける必要がなく、経理処理が非常にラクになります。

事業関連の入出金が1つの口座に集約されていれば、お金の流れが一目瞭然。収支も把握しやすくなります。

もう1つのおすすめが、**クレジットカードや電子マネーのカードも、それぞれ2枚用意すること**です。

このカードは事業用と決めてしまえば、明細に記されるものはすべて経費関連です。

私自身は交通系ICカードを2枚もっていて、1枚は仕事の際の移動にしか使いません。チャージ金額を全部、交通費に計上しています。

口座やカードを物理的に分けてしまえば、ビジネスの経費とプライベートな出費の区分が明確になり、経理の手間が大幅に省けます。

経費の扱いで悩ましいのが、仕事と生活の両方にまたがるものです。

たとえば、乗用車です。

仕事の移動にも使い、休みの日にドライブすることもある。経費にしたいと思っていても、100%経費とは言いがたいケースです。

こういう時は、**合理的な割合で「按分《あんぶん》」**してください。

月曜から金曜の平日は仕事、土曜日曜はプライベートに使う場合、経費に計上できるのは

5日÷7日＝0・714

これをベースに、平日もプライベートに若干使うとしたら「事業割合は70%」。週末も半日程度、仕事で出かけるなら「事業割合は80%」といった具合に、合理的な説明ができる割合を決めて経費として計上します。

税理士に相談すれば、なんでも経費として落とせるテクニックが教えてもらえると思っている人がいますが、そんなものは存在しません。

ただし、「税務署にあやしまれないためのテクニック」や、「根拠のある説明をして経費であると納得させるテクニック」はあります。

これは経費に関する正しい知識があれば、だれでも身につけられます。

1年目は少なくとも、次のことをしっかり守ってください。

- ●事業用の備品と私物を区別する（公私混同しない）
- ●事業用と家庭用にまたがるものは合理的な比率で按分する
- ●仕事上の関係者と友人や家族に関する出費を区別する
- ●経費である根拠や基準をきちんと確立する（自分を律する）

6

（証拠のない経費）
領収書をもらい損ねたら「出金伝票」に4つの項目を書いて処理

経費は、領収書やレシートなどの「証拠書類」とセットである必要があります。お金を払った証拠ですから、確定申告書の控えや帳簿類と一緒に、原則として7年間は保管してください。

月ごとに分類したり、日付順にノートに貼ったりすれば、税務調査があった時も安心です。1年分貯めたりせず、なるべく毎日、処理しておきましょう。

しかし、領収書をもらい損ねたり、なくしてしまう場合もあります。

そういう場合は、次の4点を記載して自分で「出金伝票」を書いてください。

●支払った日付（年月日）
●支払った金額
●支払い先（お店の名前など）
●内容（具体的な品名や用途）

ただし、原則は領収書原本の保存です。出金伝票があれば領収書を捨てていいわけではないので注意してください。また、レシートには明細が記載されているので、わざわざ別に領収書をもらわなくても大丈夫です。

なお、クレジットカード払いの時も、なるべく領収書をもらってください。毎月の明細が証拠にはなりますが、購入日・購入店・金額の記載だけで、内容がわからないからです。なお、WEB明細の場合は、毎月必ず印刷しておくのを忘れないようにしましょう。

7

（勘定科目の追加）

あいまいな「雑費」を減らして必要な「勘定科目」を立てよう

フリーランスに関係する経費には、どういうものがあるでしょうか。

次によく使う経費をあげてみました。それぞれがお金の使い道がわかる「○○費」と呼ばれています。これを**「勘定科目」**と言います。

- 旅費交通費………電車代、バス代、タクシー代、宿泊代など
- 車両関連費………ガソリン代、高速代、時間貸駐車代、車検・修理代など
- 広告宣伝費………広告掲載料、ホームページの制作・運営費、名刺代など
- 新聞図書費………書籍代、雑誌代、新聞代、電子書籍代など
- 接待交際費………取引先との飲食代、お歳暮…お中元、贈り物など

●会議費……商談や打ち合わせの飲食代など
●修繕費……パソコンやカメラ、備品の修理代など
●消耗品費……10万円未満のパソコンや備品、文房具、事務用品など
●外注費……外部への業務委託費
●地代家賃……家賃、契約更新料、月極駐車場代など
●通信費……電話代、インターネット利用料、郵便料金など
●水道光熱費……電気代、ガス代、水道代、灯油代など
●取材費……取材にかかった交通費、宿泊代、飲食代など
●諸会費……同業者団体の年会費やイベント参加費など
●租税公課……一部の税金（事業税…固定資産税など）、収入印紙代など
●支払手数料……銀行の振込手数料、各種手数料など
●支払報酬……税理士や弁護士などへの報酬
●雑　費……どの項目にもあてはまらない経費

経費に関しては、1年間、なににお金を使ったか、科目ごとに集計します。どの勘定科目にあたるかを決めることを「仕訳《しわけ》」と呼びます。

たとえば、商談に出かけた時に使った電車代は「旅費交通費」、手土産として持参したお菓子代は「接待交際費」になります。

その後、顔合わせを兼ねて食事に行ったら、ランチ代が「会議費」に、書店に寄って仕事用の資料として購入した書籍や雑誌は「新聞図書費」になります。その都度、領収書やレシートをもらって、しっかり計上してください。

しかし、どの勘定科目に入れていいか、悩むケースもあると思います。

たとえば、気分転換にカフェで仕事をした時のコーヒー代。これも経費になりますが、会議費でもなく、接待交際費にもあたらない…。

これは「場所代」として「雑費」に計上しましょう。

勘定科目についてはあまり神経質にならなくてもOKです。間違った科目に入れてしまっても、利益が計算できればいいわけなので、結果的には一緒です。

ただし、どれにもあてはまらないからといって、なんでも雑費に入れてしまうと「あいまいな出費」が多い印象になるので、注意してください。

そういう場合は、独自の科目を設定しましょう。

たとえば、通常、エステの施術費や化粧品代は経費にはなりませんが、モデルさんだったら、「美容費」として計上できます。洋服やアクセサリー、バッグなどの購入費もある程度、経費として認められるでしょう。

また、セミナーの受講や講演会の参加なども、仕事上必要なものなら「研修費」にできます。

要はお金の使い道が納得できる科目であればいいのです。**雑費が多くなりすぎないように、適切な勘定科目をつくって処理してください**。

8

（事業用と家庭用）
自宅兼事務所の場合、按分して家賃や水道光熱費を経費にできる

フリーランスの場合、自宅が事務所を兼ねている方も多いでしょう。**賃貸住宅の場合、家賃や水道光熱費などを経費に計上できます。**
オフィス専用でないからと遠慮して、スルーするのは大変残念です。月々に出ていく費用がけっこう大きいので、経費にして節税してください。

すでにお話ししましたが（102頁参照）、**事業と生活の両方にまたがる場合、合理的な割合で「按分」して経費を計上します。**

●家賃・水道光熱費

住まい全体で仕事場に使っている割合で按分してください。面積比で計上すると、説得力があると思います。

たとえば、家賃が月額9万円で、水道光熱費が月1万2000円とします。3分の1程度が仕事場にあたるなら、年間で以下の金額が経費になります。

地代家賃＝（9万円×1／3）×12カ月＝36万円
水道光熱費＝（1万2000円×1／3）×12カ月＝4万8000円

契約更新時の更新料や、マンションの管理費（共益費・修繕積立金など）も按分できますので、忘れずに計上しましょう。

●電話代（通信費）

固定電話やスマホの料金も経費にできます。

事業専用でないなら100％は無理ですが、使用頻度で按分してください。

一度、通話料の明細を見て、説得力のある割合を算出してみましょう。

ビジネスとプライベートが半々ぐらいなら50％。あるいは、平日と週末で分けてみるなど、税務署が納得できる比率にしてください。

●持ち家の住宅ローン

残念ながら持ち家の場合、支払っているローンは経費になりません。基本的に「住宅ローン控除」を適用したほうが節税になるケースが多いからです（144頁参照）。

ただし、ローンの元金は経費にできませんが、次のものは面積比で経費に計上できます。

住宅ローンの利息分

固定資産税

収入印紙

損害保険料（火災保険・地震保険・家財保険など）

マンションの管理費（共益費・修繕積立金など）

また、持ち家でも水道光熱費に関しては、賃貸住宅と同様、面積比などで計上することができます。

●リフォーム費用

フリーランスで活動するにあたり、持ち家の一部を仕事用にリフォームした場合、その費用は全額経費にできます。

また、仕事専用部屋に設置するカーテン、エアコン、照明器具、デスク、本棚などの家具類もすべて経費になるので、領収書をとっておきましょう。

9

（記帳の習慣づけ）
会計ソフトと手書きの現金出納帳を併用すると便利

売上、経費について説明してきましたが、**領収書やレシートを集めても、記帳して集計しなければ経費にはなりません。**

確定申告自体は1年に一度ですから、日々の記帳さえできていれば、そんなにむずかしくはないのです。ほんとうに大変なのは、**確定申告の前段階として、収入と支出の記録をしておくこと。そのために必要なのが「帳簿」です。**

フリーランスとして事業を続けていくうえで、収支が黒字でも赤字でも、税金が納付でも還付でも、帳簿の作成と保存はしなければなりません。

申告書を提出する際に、帳簿を見せるわけではありませんが、収支を把握するためには記帳が必要です。数字で客観的かつ具体的に状況を把握できますし、記録しておけば、以前の仕事の単価や経費を確認することも可能です。
新規の取引先に見積もりを提出する際にも役に立つでしょう。

帳簿には、売上と経費についてそれぞれ次のことを記載します。

- **取引の年月日**
- **金額**
- **取引相手の名称**
- **取引の内容**

1つずつは簡単ですが、こういう事務作業が苦手な人が多いので、いかに合理的に処理していくかが、ポイントになるでしょう。

おもな帳簿には次のようなものがあります。

●現金出納帳……毎日の現金の出し入れを記録する帳簿
●預金出納帳……毎日の預金の出し入れを記録する帳簿
●売掛帳……まだ集金していない売上残高を記録した帳簿
●経費帳……経費を勘定科目ごとに記録した帳簿

昔は、それぞれの帳簿に手書きで記帳していましたが、今はそんな必要はありません。会計ソフトに入力していけば、自動的に集計され、必要な帳簿ができあがってしまいます。**簿記の知識がなくても、ソフトの操作さえ覚えれば、計算間違いもなく、記帳の時間が大幅に短縮できます。**

ただ、**現金出納帳だけは、帳簿用のノートに手書きしたほうが便利かもしれません。**いちいち会計ソフトを立ち上げて入力するより、領収書やレシートを整理しながら、必要事項を記入するほうが簡単で確実です。

ちなみに、交通系ICカードなど電子マネーでの支払いも現金扱いになります。

注意が必要なのは、「残高」を記入すること。

ビジネス用の現金は生活費とは別に管理して、帳簿の残高と手元にある現金の残高が一致するように気をつけてください。

実際のお金の流れは、「現金」か「預金」の2通りです。

預金通帳は、各取引が自動的に記帳され、残高もしっかり出ますが、**現金出納帳を手書きした場合は、毎日確認する習慣をつけましょう。**

手書きで記帳した現金出納帳は、いわば会計ソフトに入力するための下書きという位置づけです。記帳した後は、週に1回、あるいは毎月1回など、サイクルを決めて、会計ソフトに入力しましょう。

10

（省力化の裏ワザ）

預金通帳やクレジットカードの明細を活用しよう

現金出納帳は手書きがおすすめですが、預金出納帳はわざわざつくる必要はありません。

それは、預金通帳がそのまま、帳簿になるからです。

ただ、日付と相手先、金額は、印字されますが、**内容がわからないので、余白にメモを書いておきましょう**。たとえば、次のような感じです。

●入金の場合

1月20日　A出版…………1000000円（余白に「雑誌○○○」原稿料）

1月31日　B代理店……500000円（余白に「カタログ」作成料）

●支払いの場合

1月15日　C社…………15000円　（余白に「外注費」テープ起こし代）
1月31日　D社…………10000円　（余白に「研修費」セミナー参加費）

こうしておけば、立派な帳簿になります。

現金出納帳と同じく、サイクルを決めて入力してください。

なお、入出金の場合は、こちらから発行した請求書の控えを、支払いの場合は先方から届いた請求書は必ず保存しておいてください。

また、**クレジットカードの明細にメモ書きしておけば、記帳の際に便利です。**

手間をなるべく省いて効率的に記帳しましょう。

なお、最近は銀行口座やクレジットカードと同期して自動入力できる、クラウド型の会計ソフトが登場しています。便利ですが、個人情報が流出し、思わぬリスクがあるかもしれません。利用の際は十分に注意してください。

第4章

「確定申告」で賢く節税するノウハウ

～知らないと損する優遇税制について知っておこう

1

（開業届と青色申告）

「開業届」と同時に「青色申告」も申請しておこう

4章では優遇税制を賢く活用して、確定申告で損しないポイントを説明していきましょう。

フリーランスにとって、いちばんの節税対策は「青色申告」にすることです。確定申告には「白色申告」と「青色申告」の2種類があり、そもそも申告書の様式が違います。それだけでなく、記帳の仕方と必要な帳簿も異なります。

●**白色申告**……簡易簿記で記帳

●**青色申告**……複式簿記（または簡易簿記）で記帳

簡易簿記、複式簿記といってもなんのことやら……でしょう。

しかし、簿記の知識がなくても、確定申告はできるので心配しないでください。

ひらたくいうと、白色申告は簡単な記帳でＯＫ。青色申告はやや複雑な記帳をするということなのです。

白色のほうがごまかしがきく、税務調査が入りにくいなどと、まことしやかにささやかれていますが、そんなことはまったくありません、

青色申告には、見逃せない３つの大きな特典があります。

①65万円（または10万円）の青色申告特別控除が受けられる

②30万円未満の資産を一括で経費にできる

③赤字を３年間繰り越して、翌年以降の黒字と相殺できる

この3つについては、この章の130頁から詳しく説明していきますが、青色申告にはこのほかにもメリットがあります。

複式簿記というとむずかしく感じますが、イマドキの会計ソフトは青色申告に対応しているので、どうせ記帳するなら青色申告が断然オトクです。

ただし、**なにも手続きしなければ、自動的に白色申告になってしまいます。**

青色申告をするためには事前の届け出が必要で、「青色申告承認申請書」を、最寄りの税務署に提出しなければなりません。

提出する期限も決まっています。

●新規開業の場合……………**2カ月以内に申請**

●白色から切り替える場合………**3月15日までに申請**

つまり、この本を読んでいるあなたが、フリーランスになって3カ月以上経っていれば、今年の確定申告（２０１９年分）は白色になります。しかし、3月15日までに手続きすれば、来年（２０２０年分）から青色申告ができます。

私からのアドバイスですが、**「開業届」と同時に「青色申告承認申請書」を提出しておくのがおすすめです**。そのほうが出し忘れを防げます。

そうすれば、1年目から青色申告ができます。書類は国税庁のホームページからダウンロードできます。提出に際しては手数料もかかりません。

●国税庁／個人事業の開業届出・廃業届出等手続
https://www.nta.go.jp/taxes/tetsuzuki/shinsei/annai/shinkoku/annai/04.htm

●国税庁／所得税の青色申告承認申請手続
https://www.nta.go.jp/taxes/tetsuzuki/shinsei/annai/shinkoku/annai/09.htm

2

記帳の仕方は白色申告も青色申告もほぼ同じ

（白色と青色の違い）

２０１４年の法改正以降、**白色申告でも帳簿の作成が義務づけられました。**

いまだに白色申告なら、現金主義でよいという情報がインターネットなどで出回っていますが、それは古い情報です。現在は、白色申告でも発生主義（91頁参照）で処理しなければならなくなりました。

青色申告と白色申告の大きな違いは以下の通りです。

●白色申告……簡易簿記で記帳

（必要な帳簿）現金出納帳・買掛帳・売掛帳・経費帳・固定資産台帳

（申告時の提出書類）確定申告書・収支内訳書

●青色申告……複式簿記（または簡易簿記）で記帳

（必要な帳簿）現金出納帳・買掛帳・売掛帳・経費帳・固定資産台帳
仕訳帳・総勘定元帳

（申告時の提出書類）確定申告書・青色申告決算書

白色申告に比べ、青色申告は必要な帳簿が２つ多いのですが、帳簿作成の手間はあまり変わらず、また申告の際には、帳簿の現物を提出するわけではなく、自分で保存しておくだけです。白色・青色ともに、７年間の保存義務があります。

それぞれの帳簿の作成がめんどうに見えますが、会計ソフトに入力すれば、必要な帳簿が作成されるので、あまり心配しないでください。

確定申告に際して、いちばん大きな違いは提出書類が異なることでしょう。

申告書は、白色でも青色でも**事業所得用の「確定申告書B」**を使用します（巻末付録参照）。

それのほかに、**白色申告は「収支内訳書（一般用）」**を、**青色申告書は「青色申告決算書（一般用）」**を提出します。

どちらも、売上や経費などを集計して、事業の状況をあらわしたものですが、収支内訳書が表裏の2ページなのに対し、青色申告決算書は4ページで構成されています。

●青色申告決算書

1枚目……………損益計算書（その年の売上や経費を記載）

2・3枚目………損益計算書の内訳（月別の売上などを記載）

4枚目……………貸借対照表（資産や負債の状況を記載）

損益計算書や貸借対照表など耳慣れない言葉が並ぶので、むずかしく感じるかもしれません。ただ、実際の書類を見てもらえればわかりますが、**売上と経費を集計するという点ではまったく同じ**です。

詳細に示すか、簡略化するかの違いなので、記帳の手間という意味においてはほとんど変わりません。最近の会計ソフトであれば、必要な帳簿だけでなく、収支内訳書や青色申告決算書の作成まで、サポートしていますので、特別意識をしなくても作成できるでしょう。

確定申告に必要な書類は、最寄りの税務署でもらえますが、国税庁のホームページからもダウンロードできます。

●国税庁／確定申告書、青色申告決算書、収支内訳書等
https://www.nta.go.jp/taxes/shiraberu/shinkoku/yoshiki/01/shinkokusho/02.htm

3

（有利な青色申告）

65万円の特別控除がある点が青色申告のメリット

すでにご紹介しましたが、青色申告のメリットに「青色申告特別控除」があります。これは**帳簿をきちんとつけるごほうびとして、65万円を差し引くことができる特典**です。

もう一度、納税額を決める計算式を見てみましょう。

●青色申告の場合

売上－経費－65万円＝所得

（所得－各種控除）×税率＝納税額

↓

所得を65万円少なくできる

●白色申告の場合

売上－経費＝所得

（所得－各種控除）×税率＝納税額

つまり、売上経費が同じであっても、青色申告なら65万円が控除されるため、所得がその分少なくなり、結果的に税額が低く抑えられます。

また、日本の所得税は「累進課税」をとっており、所得によって税率区分が変わります。所得が多くなるにつれ、税率が上がっていくシステムです。

具体的には、5％↓10％↓20％↓23％↓33％↓40％↓45％と、1つ区分が上がると数％ずつ税率がアップします（2章の42～43頁参照）。

税率区分のボーダーラインの場合、65万円を差し引くことで、適用される税率自体が下がる可能性もあります。

青色申告特別控除に加えて、**「30万円未満の資産を一括で経費にできる」**のもメリットです。

これは「少額減価償却資産の特例」と言われるもので、対象になるのは、青色申告をしているフリーランス（個人事業主）に限られます。

白色申告では、その年の経費として一発で落とせるのは、1件につき10万円未満のもののみです。10万円以上の資産を購入した場合、「減価償却」といって、数年に分けて処理しなければなりません。

たとえば、白色申告の場合、仕事用のパソコンや機材が10万円以上なら、全額をその年の経費にはできないのでめんどうですが、青色申告は30万円未満のものなら一括で処理できるので経理が簡単です。

ただし、**「少額減価償却資産の特例」は、年間の限度額が定められていて、合計で300万円までとなっています。**

また、「30万円未満」は本体価格ではなく、**消費税込みの金額**になるので、注意してください。購入金額が税込み29万9999円までのものが対象です。

なお、青色申告でも、簡易簿記による記帳の場合は、青色申告特別控除が10万円になります。**65万円を控除するためには次の3点が必要です。**

●**複式簿記で記帳する**
●現金主義ではなく**発生主義**（91頁参照）で記帳する
●確定申告の際に**「損益計算書」と「貸借対照表」を添付する**

会計ソフトを使えば、複式簿記になりますし、「損益計算書」と「貸借対照表も自動的に作成してくれます。ただし、提出期限に間に合わなかった場合は、1日遅れても、10万円の控除になってしまうので気をつけてください。

4

青色申告なら赤字が最長3年間、繰り越せる

（赤字の繰り越し）

「赤字を3年間繰り越せる」のも青色申告ならではの特典です。

赤字の場合、利益がゼロなので、納税額もゼロになりますが、確定申告はきちんとしておきましょう。これを「損失申告」と呼びます。

1年目から順調なのがいちばんですが、最初は準備のための経費がかさみ、赤字になることもありえます。

2年目に黒字になった場合は当然、納税しなければなりませんが、青色申告であれば、前年分の赤字分を利益から差し引くことができます。

たとえば、1年目に100万円の赤字が出て、2年目は200万円の黒字になった時の所得税額を比較してみましょう。

●白色申告の税額
200万円×税率10%－9万7500円＝10万2500円

●青色申告の税額
（200万円－100万円）×税率5%＝5万円

5万2500円の差額が発生！

白色申告なら、200万円が課税対象額になるので、10%の税率が適用されますが、青色申告の場合、前年の赤字を引いた金額が課税対象になります。しかも適用される税率が1ランク下の5%になるので、**約5万円の差が出る**ことになります。

また、赤字が続いた場合も累積した額が差し引けます。

たとえば、１年目は１００万円の赤字、２年目は50万円の赤字で、３年目は20万円の赤字、４年目でようやく３００万円の黒字になった場合は、３年分の赤字を合算した１５０万円分が差し引けます。白色申告の場合、赤字の年に納税なしなのは同じですが、赤字の繰り越しはできません。

●１年目の税額
　１００万円の赤字　→損失申告、納税なし
●２年目の税額
　30万円の赤字　→損失申告、納税なし
●３年目の税額
　20万円の赤字　→損失申告、納税なし
●４年目の税額（１〜３年目青色の場合）
　３００万円－（１００万円＋30万円＋20万円）

×税率5％＝7万5000円

●4年目の税額（1～3年目白色の場合）
300万円×税率10％－9万7500円＝20万2500円

→ **12万7500円の差額が発生！**

ただし、赤字の繰り越しは最長3年間ですから、5年目に1年目の赤字を繰り越すことはできません。

フリーランスの場合、ずっと黒字でも、突然の取引先の倒産や仕事の打ち切りなどで売上が急に落ち込む可能性も考えられます。毎年、赤字では続けていけませんが、不測の事態におちいった時、赤字が繰り越せるのは、とても助かることではないでしょうか。

確定申告は、住民税、国民健康保険料とも連動しています。所得が減った時、そちらも減額になる点も見逃せないでしょう。

5

（所得控除の計上）
14種類ある「所得控除」はもれなく計上

確定申告の際、**利益から差し引けるものを「所得控除」と言います。**

家族構成など個人的な事情を考慮するために設けられているもので、要件を満たすと所得から控除の合計額が差し引かれ、その残りの金額に対して税額が計算されます。

売上―経費＝利益

（利益―**各種控除**）×税率＝納税額

➡

この部分が「所得控除」にあたる

「配偶者控除」や「扶養控除」、「医療費控除」は聞いたことがあっても、その他の控除については、意外と知らない方も多いのではないでしょうか。

所得控除は全部で14種類。全部を覚える必要はありませんが、自分が対象になりそうな控除を知っておけば、より節税できるかもしれません。

それぞれについて、簡単に説明しておきましょう。ただし、控除される金額がまちまちで、適用条件が細かく定められているので注意してください。

①雑損控除……………災害や盗難などの被害にあった場合
②医療費控除…………1年間の医療費が10万円以上になった場合
③社会保険料控除……国民健康保険料、国民年金などの支払い額
④小規模企業共済等掛金控除…小規模企業共済やiDeCo（イデコ）の掛金
⑤生命保険料控除……生命保険や個人年金などの保険料

⑥地震保険料控除……………地震保険料（火災保険は適用外）
⑦寄付金控除……………ふるさと納税や公共団体などに寄付をした場合
⑧障害者控除……………本人、配偶者、扶養親族が障害者の場合
⑨寡婦（寡夫）控除…………シングルマザー、シングルファザーの場合
⑩勤労学生控除…………自身が働いている学生で所得が一定金額以下の場合
⑪扶養控除……………父母、祖父母などの扶養親族がいる場合
⑫配偶者控除……………所得が一定金額以下の配偶者がいる場合
⑬配偶者特別控除…………配偶者控除の対象外で要件を満たす場合
⑭基礎控除……………すべての人が対象

すべての人が対象になる⑭の「基礎控除」は、2019年現在38万円。

税制改正により2020年からは48万円に引き上げられ、2021年に提出する確定申告から適用になる予定です。

また、積極的な節税対策として、事業が軌道に乗ったら、④の「小規模企業共済等掛金控除」の対象になる共済や、個人型確定拠出年金（iDeCoイデコ）への加入なども検討してみましょう。

「小規模企業共済」は、フリーランスの「退職金」にあたるもので、月1000円から最高7万円までかけられ、掛金全額が控除の対象になります。掛金は毎年、見直しができ、増額・減額の両方が可能です。

20年未満で解約した場合は、元本割れのリスクがありますが、返戻率《へんれい》もほどほどで、全額控除になるだけ普通の預金より有利かもしれません。老後に備えて「自分年金」を積み立てつつ、節税できます。

会社を辞めて受け取る際も、一括・分割・一括分割併用の3パターンから選べ、退職金や公的年金と同等の扱いになる優遇税制が適用されます。

6

国民年金や健康保険、生命保険の支払い金額をチェックしておく

（社保&生命保険）

1年目の確定申告で忘れがちなのが、「社会保険料控除」です。**国民年金保険料や国民健康保険料は全額が控除になります**。1年分まとめるとそれなりの金額になるので、しっかり計上しましょう。

なお、**国民年金保険料は確定申告する際、「控除証明書」の添付が必要です**。国民年金基金に加入している場合も同様です。申告時まで大切に保管してください。**健康保険料は納付証明書の添付は必要ありません**。

なお、自分の分だけでなく、配偶者や子ども、親など、生計を一にする親族の保険料を支払った場合、その金額も控除の対象となります。

「生計を一にする」とは、日常生活に使うお金を同じにしているという意味で、必ず

しも同居している必要はありません。

単身赴任や親元を離れて暮らす学生、仕送りしている親御さんなども、生活費をともにしていれば対象になります。

「生命保険料控除」も忘れないようにしましょう。

生命保険、個人年金保険のほか、２０１２年から介護医療保険の保険料の控除も新設されました。

保険料の全額が控除になるわけではありませんが、最大で12万円の控除が受けられます。保険料も「生計を一にする」家族分を負担している場合は、合算して計上してください。

控除を受ける場合は、保険会社から秋頃に送られてくる「控除証明書」の添付が必要です。こちらも忘れずに保管しておきましょう。なお、地震保険料も控除が受けられます。この場合も「控除証明書」の添付が必要です。

7

（その他の控除）

住宅ローンやリフォーム費用の控除も見逃せない

14種類の所得控除のほかに、控除が適用されるものがあります。

よく知られているのが、いわゆる**「住宅ローン控除」**です。

マイホームをローンで購入した場合、減税になる制度で、正式名称を「住宅借入金等特別控除」と言います。おもな要件は次の通りです。

- ●取得後6カ月以内に居住し、控除を受ける年の年末まで住んでいること
- ●控除を受ける年の合計所得が3000万円以下であること
- ●家屋の専有面積が50㎡以上で2分の1以上が自己居住用であること
- ●10年以上にわたって分割返済する借入金があること

住宅ローンというと新築や中古住宅・マンションなどの購入をイメージしますが、じつは**既存の住宅をリフォームした場合も控除が受けられます。**

たとえば、住宅を安全かつ快適に暮らせるようにリフォームすると、優遇税制が適用される場合があります。

特に「耐震」「省エネ」「バリアフリー」仕様に改修したケースでは、複数の制度を組み合わせたり、選択したりできます。

耐震補強や二重窓にした時や、太陽光発電の設備導入、高齢の親御さんと同居するために、浴室やトイレを改修した時などが該当します。

ただし、**住宅や工事に関する基準と要件が細かく定められているので、適用になるかどうかは、リフォーム会社や依頼する工務店に聞くほうが手っ取り早いでしょう。**

こういう制度があることを知って、うまく活用できるように進めてください。

8

「源泉徴収票」と「支払調書」は捨てずにきちんと保管

（源泉徴収票と支払調書）

確定申告の時には、提出が義務づけられている書類がいくつかあります。苦労して確定申告書をつくっても、必要な書類を添付し忘れては受け付けてもらえないかもしれません。

フリーランス1年目は、書類の添付もれが多くなりがちなので、必要書類がそろっているか、しっかりチェックして、申告するように注意しましょう。

申告書と一緒に提出するための添付書類用の台紙も用意されています。

書類の準備を忘れないためにも、国税庁のホームページからダウンロードしておくのもいいでしょう。

書類が多くて貼り切れない時は、台紙をコピーして2枚以上になってもかまいません。台紙には必要な書類がわかるよう次のように記載されています。

①本人確認書類の写し
（マイナンバーカード表面・裏面のコピー、
または番号確認書類＋身元確認書類のコピー）
②源泉徴収票（原本）
③寄付金控除関係書類
④地震保険料控除関係書類
⑤生命保険料控除関係書類
⑥社会保険料・小規模企業共済等掛金控除関係書類

特に、会社を辞めてフリーランスになった人は、②の「源泉徴収票」を忘れないでください。

すでに納めている税金があることの証明書になります。退職時に会社からもらっているはずなので、必ず用意してください。

また、**台紙に記載はありませんが、「支払調書」も添付しましょう。**

業種によりますが、確定申告の季節が近づくと、フリーランスの方々には取引先から、支払った報酬額と源泉徴収額を記載した支払調書が送られてきます（58頁参照）。この書類を確定申告書に添付すれば、所得税を前払いしていることを証明できますし、申告もれの売上がないか、チェックするためにも役立ちます。

それだけに、支払調書は確定申告の必須書類と思いがちですが、じつはそうではありません。

報酬を支払う側の事業者は、支払調書を税務署へ提出することが義務づけられています。だれにどんな報酬を支払ったかは、税務署にすべて報告されているのです。

ところが、報酬を受け取る側であるフリーランスのみなさんへ、報酬を支払う側は支払調書を発送する義務はありません。

つまり、必ず送られてくるとは限られていないため、受け取る側が税務署に提出する義務もなく、支払調書の添付がなくても確定申告はできます。

支払調書を発送するかどうかは事業者の判断にまかされており、事務作業の削減のため、最近では発送しない企業も増えているようです。

しかし、**きちんと経理をおこない、売上や源泉徴収された金額を自分で把握していれば、支払調書がなくても申告はできます。**

申告時期が近づいた時に「届いていない！」とあわてたりせず、落ち着いて確定申告をおこなってください。

9

（税制改正）「青色申告」と「電子申告」の組み合わせがいちばん節税になる

税制は社会情勢や国の方針により、変わることがあります。消費税が昨年、８％から10％に引き上げられたのは記憶に新しいでしょう。確定申告に関しても同じです。知らないまま損することがないよう、新聞やテレビ、インターネットなどを日頃からチェックしてください。

フリーランスにとって影響があるのが、**「青色申告特別控除」に関する税制改正**です。特別控除の額が申告の仕方によって変わり、２０２１年に提出する確定申告（２０２０年分）から適用されます。控除額ごとにみると次のようになります。

①65万円控除↓青色申告（複式簿記）＋電子申告または電子帳簿保存
②55万円控除↓青色申告（複式簿記）
③10万円控除↓青色申告（簡易簿記）
④控除なし　↓白色申告（簡易簿記）

つまり、**今までは持参や郵送でも、65万円の特別控除が認められていましたが、電子申告以外は特別控除が10万円少なくなってしまいます。**税務署における事務処理効率化を進めるための改正でしょう。

以前は電子申告にはマイナンバーカードとカードリーダーが必要でした。しかし、最近、導入された「ＩＤ・パスワード方式」なら、最寄りの税務署で手続きすれば、自宅のパソコンなどから申告でき、控除関係の証明書添付も不要です。

詳しくは国税庁のホームページを参照してください。

国税電子申告・納税システム（ｅ‐Ｔａｘ）→https://www.e-tax.nta.go.jp

10

消費税の納税とインボイス制度の導入

（インボイス制度）

今まで所得税を中心に、住民税、事業税などについて説明してきましたが、身近な税金に触れていないのにお気づきでしょうか。

それは「消費税」です。

本来であれば、消費税もフリーランスが納めるべき税金にあたりますが、1年目・2年目は免税のため、納付の可能性があるのは3年目以降になります。

消費税に関しては「免税事業者」と「課税事業者」の2通りがあります。

そのどちらになるかは「課税売上高」で決まります。

●課税売上高が1000万円以下……………免税事業者
●課税売上高が1000万円超………………課税事業者

また、売上が1000万円を超えた年にすぐ課税業者になるわけでもありません。

準備期間があり、2年前の売上で判定されます。

たとえば、次のような感じです。

●2019年の課税売上高………500万円↓免税事業者
●2020年の課税売上高……1000万円↓免税事業者
●2021年の課税売上高……**1001万円**↓免税事業者
●2022年の課税売上高……1100万円↓免税事業者
●2023年の課税売上高……1200万円↓**課税事業者**

（2021年～2023年）前々年の売上で決定

課税事業者になると、消費税の確定申告をしなければなりません。

消費税のあずかり分と支払い分を集計してその差額を納税し、支払った額のほうが多ければ還付になるのは、所得税と同じです。

売上がいくらになるかは、1年が終わってみなければわかりません。最低2年間の準備期間があるので、課税売上高が1000万円を超えたら課税事業者になり、消費税納付の義務が発生することだけを覚えておいてください。


なお、**免税事業者であっても、売上時に消費税分を請求してかまいません。**

消費税は、広く浅く転嫁していく税金で、日々の交通費や備品の購入など、だれもが支払っています。請求する時には消費税分を載せてください。

消費税を納めないのは不公平ではないかという意見もありますが、今の段階では小規模事業者に対する特例として認められています。

また、「消費税転嫁対策特別措置法」という法律があり、消費税分の支払い拒否や減額などは禁止されていることも知っておきましょう。

ただし、**2023年10月から「インボイス制度」が始まる**と、免税業者は不利になるのではないかと言われています。

インボイスは「適格請求書」とも言い、現行の請求書より厳密にルールが規定されているうえ、消費税の課税事業者のみが発行できることになっています。

2019年10月から「軽減税率」が実施され、複数の税率が存在することとも関係があります。

いちばん大きな問題は、インボイスが発行できない免税事業者に支払った消費税が控除できず、取引先がそのぶん、損をこうむってしまうという点でしょう。そのため、取引を打ち切られる可能性があると指摘されています。

ただ、**免税事業者への対応は段階的に実施され、最終的な廃止は2029年10月の予定です。状況をみながら対策を考えてください。**

11

（法人化の検討）
法人化する決め手は一にビジョン、二に節税対策

フリーランスになって仕事が軌道に乗ったら、法人化したいと考えている人も多いでしょう。

どういうタイミングで法人化に踏み切るかは、人それぞれですが、一般的には売上規模が大きくなってきた時と言われます。

個人の場合、累進課税で税率が最高45％なのに対し、法人の場合は最高23・2％です。それと同等の税率23％の所得金額が６９５万円超９００万円以下なので、それが1つの目安になるかもしれません。

実際、ある程度、事業規模が大きくないと、法人化したことによる節税効果もあまり期待できませんし、私のところに相談に来られる方も、税率が高くなってきたから

というケースが多いのが事実です。

ただ、私自身は、**事業規模にかかわらず、ご本人が法人化したいと思った時こそ、ベストなタイミングだと考えています。**

独立してすぐ、あえて会社を立ち上げるという選択もありだと思います。

税理士として相談されれば、個人事業主の場合と法人化した場合で、シミュレーションをして税額を算出し、それを比較したうえで、法人化したほうがいいかどうかを検討するのがポピュラーです。

ただ、会社を設立したほうが、ビジネスの可能性が広がる、自分の活動範囲が広くなる、モチベーションが上がるというのであれば、実利的な面だけにこだわらず、決断してもいいのではないでしょうか。税金のために法人化するのではないですよね。

法人化することのメリットとデメリットを比較してみましょう。

●法人化のメリット

・会社を設立したという満足感がある

・社会的・対外的な信用が得やすい

・銀行からの借り入れや、人の採用がしやすくなる

・個人の場合、毎年12月31日と決まっている決算日が自由に設定できる

・自分に出した役員報酬を経費にできる、家族を社員にして給料を払う、法人向けの生命保険に加入するなど、積極的な節税対策がとれる

●法人化のデメリット

・登記が必要で設立費用が30万円程度かかる（司法書士料金、印紙代など）

・赤字でも毎年最低7万円の税金がかかる

・1円からＯＫだが、それなりの金額の資本金を用意する必要がある

・経費にできる交際費に制限がある（中小企業の場合８００万円まで）

・社会保険の加入義務が発生する
・経理が複雑になるので、税理士に依頼する必要がある

実務的な面でいちばん大きなハードルは、**個人事業主と比較すると、煩雑な事務作業が多くなり、しっかりした経理をしなければいけない**ことでしょう。

法人税の申告は、個人の確定申告に比べて提出する書類が多く、専門家でないとなかなか処理ができません。

法人にしたら、会計事務所や税理士と契約し、事務処理を依頼したほうがいいでしょう。また、そのための報酬も支払わなくてはならないので、それなりの出費もかかります。

法人化したら、経理申告関係は専門家にまかせて、自分は本業に専念すると割り切ったほうがいいでしょう。しかし、もっとも大切なのはあなた自身の気持ちです。将来的にビジネスをどう展開したいかをよく考えて決めてください。

第5章

副業&パラレルワーカーのための経理

~フリーランス予備軍が知っておきたい基礎知識

1

（働き方の多様化）
「雇用」か「請負」かで所得の種類が変わってくる

5章では、働き方の違いによる経理のポイントについて、説明していきましょう。フリーランスとひとくちに言っても、さまざまな働き方があります。自営業オンリーの人。アルバイトとかけもちしている人。会社にも籍がある人。また、将来の独立を見据えて、会社員のかたわら副業に取り組んでいる人も「予備軍」という意味では、フリーランスと言えるかもしれません。

働き方改革と労働人口減少の影響もあり、副業を禁止しない企業が多くなってきました。終身雇用制も崩壊しているので、本業と副業、あるいは本業を2つ抱える、いわゆる「パラレルワーカー」も今後、増えていくでしょう。

あまり意識していないと思いますが、じつは、**働き方が「雇用契約」なのか、「請負契約」なのかで、税制面は大きく変わってきます。**

●雇用契約……会社に所属して働き、その対価を得る契約
「給与所得」となり、経費は認められない
源泉徴収され、「源泉徴収票」が発行される

●請負契約……依頼した仕事の成果物に対して、報酬が支払われる契約
「事業所得」となり、経費が認められる
源泉徴収される職種とされない職種がある

また、年金をもらいながら働く、シニア世代の起業も珍しくなくなりました。

所得には次の10種類があり、所得により課税方法が変わってきます。

①**事業所得**……農業、漁業、商工業などの事業による所得
②不動産所得……土地や建物などの不動産賃貸による所得
③利子所得……預貯金や公社債の利子などの所得
④配当所得……株式や出資の配当などの所得
⑤**給与所得**……給料、賃金、賞与などの所得
⑥**雑所得**……(公的年金等)国民年金、厚生年金、恩給などの所得
(その他)他のどれにもあてはまらない所得
⑦譲渡所得……土地、建物、ゴルフ会員権などの資産譲渡による所得
⑧一時所得……生命保険の一時金、賞金や懸賞当選金などの所得
⑨山林所得……山林や立木の譲渡による所得
⑩退職所得……退職手当や退職一時金などの所得

4章までは、①の「事業所得」について説明してきましたが、本来はそれぞれの所得ごとに収支を計算し、それをまとめて確定申告をします。

たくさんの種類があるので、むずかしそうに感じるかもしれません。

まず、知ってもらいたいのは、３つだけです。

●収入がどの所得に該当するのかを意識する

●給与所得なのか、事業所得なのか、明確に分ける

●「源泉徴収票」をもらったら、確定申告まで大切に保管する

この本では、①事業所得、⑤給与所得、⑥雑所得を中心に説明していきます。

2

（副業の確定申告）

事業所得と給与所得は合算して「損益通算」できる

フリーランス1年目の場合、年の途中まで会社員だった方も多いでしょう。
たとえば、次のようなケースが考えられます。

●1月〜8月まで会社員……………給与所得
●9月〜12月までフリーランス…………事業所得

フリーランスとして働いた期間は4カ月のみ。
まだ、準備段階のため、実績が出せず、１００万円の赤字になったとします。
こういう場合、確定申告時に、事業所得と給与所得を合算して、赤字分を差し引くことができます。

これを「損益通算」と呼びます。

所得が低くなるので、税額が抑えられますし、税金が還付になる可能性もあります。

ただし、損益通算するためには、「給与所得の源泉徴収票」が必要です。

これは会社が給与を支払ったすべての従業員に対して作成し、交付することが義務づけられていますので、退職時に必ず渡されているはずです。

会社員時代は年末調整も総務におまかせで、納税のしくみ自体、意識していない方も多いのですが、フリーランス1年目の時は特に大切な書類です。

万一なくしてしまった場合は、ちょっと恥ずかしいですが、以前の勤務先に再発行をお願いしてみましょう。

一方、フリーランスになると、請負契約なので源泉徴収票は発行されません。

ただ、源泉徴収される業種は取引先が「支払調書」を送ってくれるケースがあります。しかし、4章ですでにふれましたが（148頁参照）、発行は義務づけられておらず、申告時にあったほうがよいという程度です。

ところが、源泉徴収票は、申告時に必須の書類です。添付できない場合は、収入も納税額も証明できなくなってしまうので、くれぐれも注意してください。

また、フリーランスであっても、アルバイトや派遣社員のような形で働く次のようなケースでは、「雇用契約」の可能性があります。

- ●知り合いの会社で週3日働いている
- ●あるプロジェクトのために半年間、スタッフとして参加している
- ●常勤で専門学校の講師になっている
- ●企業の顧問を務めている

など

契約時には、請負なのか雇用なのか、しっかり確認してください。自分では時給や日給だから「給料＝雇用」のつもりだったのに、じつは請負だったという場合もありうるからです。

報酬の金額自体が同じでも、どちらの契約かは大きな違いです。給与所得であれば「源泉徴収票」が出ますが、経費は認められません。請負の場合は「源泉徴収票」が出ませんが、経費は計上できます（163頁参照）。後になって請負契約だったと気づき、経費関連のレシートや領収書をなにも保管していなかったら、正確な収支が出せなくなり、**事業の赤字を給与所得と損益通算できなくなってしまいます。**

契約内容は事前にきちんと確認するようにしてください。

雇用契約と思っていたらじつは請負契約であった場合のデメリットはもう1点あり

ます。

給与所得なら、「給与所得控除額」が適用されます。

最低額が65万円なので、もし、アルバイト収入の年間合計額（複数のアルバイトをした場合は、それらすべての合算）が65万円以下である場合は、その収入に対しては課税されません。

ところが、請負契約扱いで事業所得となれば、この65万円の控除が適用されません。

●バイト収入（給与所得）が100万円の場合

　100万円ー給与所得控除65万円＝35万円

●請負契約（事業所得）の場合

　売上ー経費＝利益

課税される金額の計算が違ってきます。

なお、配偶者控除が受けられるように、労働時間を調整する「103万円の壁」という言葉をお聞きになったことがあるかもしれません。

これは給与所得控除額の65万円と基礎控除の38万円の合計額です。

収入が103万円以内におさまれば、その夫または妻は配偶者控除が受けられます。

●パート収入103万円の場合
103万円－給与所得控除65万円－基礎控除38万円＝所得0

ちなみに、基礎控除は所得の種類にかかわらず、1人あたり1回しか適用されません。

なお、2020年の税制改正により、給与所得控除は55万円に引き下げられ、基礎控除は48万円に引き上げられる予定です。

3

「雑収入」と「雑所得」の違いを押さえておこう
（雑収入と雑所得）

「雑収入」と「雑所得」という言葉が何度か出てきました。

一見、意味も字面も似ていますが、税務上は違いがあります。

「雑収入」とは、本業に付随して得られる収入を言います。

たとえば、ライターのAさんが本を出版し、ラジオに出演して本の内容を話し、謝礼を受け取りました。この場合は、本業にまつわるものなので雑収入です。

また、資料として購入した書籍を売却したとします。これも同じく雑収入で、そちらも「事業所得」として処理します。

「雑所得」とは、本業とは関係のない収入のことです。

たとえば、同じくAさんが、宅配便のアルバイトをしたとします。本業との関連性はなく、給与所得にも該当しなく、事業とも言いがたい。

こういう場合は、「雑所得」ということになります。

いちばん大きな違いは、雑収入は事業所得として青色申告の対象になりますが、雑所得は対象外だということでしょう。**赤字になった時も損益通算はできません。**

売上に対する経費が認められますが、あくまでも事業所得とは別立てで処理します。

領収書などの保管は必要なものの、厳密な記帳は不要です。

ただし、宅配での収入が少額で、経費もあまりないという場合はわざわざ雑所得とせず、雑収入でかまわないでしょう。所得の種類によって、税務上の処理が変わってくるという点だけ覚えておいてください。

4

（会社員の確定申告）

会社員が副業をする場合の申告のポイント

会社員で副業をしている人も増えています。

給与については、会社が年末調整をしてくれますが、副業については、自分自身で確定申告をしなければなりません。

確定申告をする場合は、副業で得た収入だけでなく、給与所得も記載する必要があるので注意してください。

では、副業の収入は、どんな所得区分に該当するでしょうか。

会社員の場合は「事業所得」か「雑所得」のどちらかに分類されますが、**税務上のメリットの多い事業所得を選ぶのがおすすめです。**

●事業所得にするメリット

①給与所得と損益通算ができる

②青色申告にできる（手続きをしておけば、青色申告の特典が受けられる）

たとえば、事業所得で20万円の赤字、給与所得で２００万円の黒字の場合、赤字の20万円分を差し引いた１８０万円の所得に対して課税されることになります。

雑所得は、経費が計上できますが、赤字になっても損益通算ができません。

つまり、赤字部分が切り捨てになってしまいます。

じつは、事業所得と雑所得の区分には明確な基準があるわけではありません。

ただし、事業として認められるポイントは４つあります。

・リスク…………リスクを負っている仕事かどうか
・営　利…………利益が目的になっているか（赤字前提は事業といえない）
・継続性…………単発的な仕事ではなく、継続性のある事業か
・社会通念………社会的に見てビジネスとして、認められる仕事か

事業所得として申告する場合は、税務署に「開業届」を出しておきましょう。開業届＝事業所得というわけではないものの、継続的に事業をおこなう意思表示になります。この時に「青色申告承認申請手続」もしておけば、さらによいでしょう（127頁参照）。

なお、副業を認めている企業も増えてきましたが、会社になるべく知られたくない方は、住民税の欄に注意してください（ただし、副業が就業規則で禁止されている場合は、そもそも知られなければよいという問題ではありません）。

確定申告書「第二表」の「住民税・事業税に関する事項」の右端に

○給与から差し引き
○自分で納付

という欄があるので**「自分で納付」に○印をつけます。**

なお、すでに説明しましたが、会社員の場合、20万円以下の雑所得などは、そもそも確定申告をする必要がありません。

単発の執筆や講演料などの仕事なら、報酬も少額で確定申告不要となるかもしれません。

ビジネスをある程度の規模で展開するかどうかで、判断してください。

5

（シニアの確定申告）

年金をもらいつつ、フリーランスで働くシニア世代の確定申告

最近は元気なお年寄りが増えました。

将来的に年金の切り下げがあるかもしれないという不安もあり、リタイヤ後も健康であるうちは、年金をもらいながら勤めたい。

あるいは現役時代の経験を活かして起業したり、フリーランスとして自分のペースで働きたいと考える方も少なくないようです。

こういう時に確定申告はどうなるのか。ケース別に見ていきましょう。

●年金受給者の確定申告不要制度

シニア世代の年金受給者の負担を減らすため「確定申告不要制度」が設けられてい

ます。

次の２つの条件を満たす場合には、確定申告の必要がありません。

①公的年金等（老齢基礎年金、老齢厚生年金、企業年金、恩給など）の収入の合計額が４００万円以下で、これらのすべてが源泉徴収の対象になっていること

②公的年金等以外の所得（給与所得、不動産所得、株式などの譲渡所得など）の合計額が20万円以下であること

●公的年金を受給しながら起業した場合（年金＋事業）

年金をもらいつつ、フリーランスとして開業した場合の確定申告は、雑所得（公的年金）とフリーランスとしての事業所得とを合算しておこないます。

まず、前記の確定申告不要制度に該当しないかを検討してみます。

年金収入が４００万円以下で、源泉徴収されていて、かつ、事業所得の金額が20万

円以下であれば、確定申告は不要となります。

一方、事業所得の金額が20万円を超える場合は、確定申告をすることになります。

●公的年金を受給しながらアルバイトをしている場合（年金＋給与）

たとえば、定年退職後の再雇用で嘱託として働いている場合は、雑所得（公的年金）と給与所得の2つの所得があることになります。

この場合には、雑所得（公的年金）と給与所得を合算して確定申告をすることになります。しかし、前記の確定申告不要制度の条件に合えば、確定申告をしなくても大丈夫です。

ただし、確定申告不要であっても、源泉徴収税額の還付を受ける場合は確定申告が必要となりますので、注意してください。

このように年金を受給しつつも、フリーランスとして新たにビジネスに挑戦したり、定年後も働き続けるというのも良いことだと思います。

本編はここまでです。最後までお読みいただき、ありがとうございました。

フリーランス1年目の経理のまとめ

- **開業から1カ月以内**
  「開業届」を所轄の税務署へ提出する
- **開業から2カ月以内**
  「青色申告承認申告書」を所轄の税務署に提出する
- **事業用の銀行口座やクレジットカードをつくる**

税金納付カレンダー

1月	
2月〜3月	確定申告 2／16～3／15（前年の1月1日～12月31日の所得を申告）⬇3／15までに納税 ※～3月まで 確定申告の相談会 講習会@税務署 青色申告会
4月	
5月	
6月	**住民税納付（第1期）**
7月	所得税予定納税（第1期）
8月	**住民税納付（第2期）** 事業税納付（第1期）
9月	
10月	**住民税納付（第3期）**
11月	所得税予定納税（第2期） 事業税納付（第2期）
12月	**※翌年1月に住民税納付（第4期）**

確定申告の準備・申告

翌年 1月1日～3月15日

前年の**毎月の経理**を基に月ごとに売上や経費などを集計する

↓

- **売上**
- **経費**
- **各種控除額**
- **源泉徴収税額**

を把握する

↓

青色申告決算書、確定申告書を作成し、提出する

毎月の経理

1～12月

①日々の領収書整理、帳簿つけ

↓

②売上請求書の発行

↓

③支払（経費の）請求書の確認

↓

④経費の支払

↓

⑤売上入金の確認

↓

⑥生活費をプライベート口座に送金

↓

⑦当月の収支を確認（会計ソフトを活用）

FA0125

＿＿＿＿税務署長
令和＿＿年＿＿月＿＿日

令和 0 年分の 所得税及び復興特別所得税 の 申告書B

第一表（令和元年分以降用）

住所（又は事業所事務所居所など）	〒	個人番号	
		フリガナ	
		氏名	
		性別 男 女	職業 / 屋号・雅号 / 世帯主の氏名 / 世帯主との続柄
令和 年1月1日の住所		生年月日	電話番号 自宅・勤務先・携帯 ― ―

受付印　（単位は円）　種類 青色 分離 国出 損失 修正 特農の表示 特損　整理番号

収入金額等	事業 営業等	㋐	
	事業 農業	㋑	
	不動産	㋒	
	利子	㋓	
	配当	㋔	
	給与	㋕	
	雑 公的年金等	㋖	
	雑 その他	㋗	
	総合譲渡 短期	㋘	
	総合譲渡 長期	㋙	
	一時	㋚	
所得金額	事業 営業等	①	
	事業 農業	②	
	不動産	③	
	利子	④	
	配当	⑤	
	給与 区分	⑥	
	雑	⑦	
	総合譲渡・一時 ㋚＋{(㋙＋㋚)×½}	⑧	
	合計	⑨	
所得から差し引かれる金額	社会保険料控除	⑩	
	小規模企業共済等掛金控除	⑪	
	生命保険料控除	⑫	
	地震保険料控除	⑬	
	寡婦、寡夫控除	⑭	0000
	勤労学生、障害者控除	⑮～⑯	0000
	配偶者(特別)控除 区分	⑰～⑱	0000
	扶養控除	⑲	0000
	基礎控除	⑳	0000
	⑩から⑳までの計	㉑	
	雑損控除	㉒	
	医療費控除 区分	㉓	
	寄附金控除	㉔	
	合計 (㉑＋㉒＋㉓＋㉔)	㉕	

税金の計算	課税される所得金額 (⑨－㉕)又は第三表	㉖	000
	上の㉖に対する税額 又は第三表の㊅	㉗	
	配当控除	㉘	
	区分	㉙	
	(特定増改築等)住宅借入金等特別控除 区分	㉚	00
	政党等寄附金等特別控除	㉛～㉝	
	住宅耐震改修特別控除 住宅特定改修・認定住宅新築等特別税額控除 区分	㉞～㊲	
	差引所得税額 (㉗－㉘－㉙－㉚－㉛－㉜－㉝－㉞－㉟－㊱－㊲)	㊳	
	災害減免額	㊴	
	再差引所得税額(基準所得税額) (㊳－㊴)	㊵	
	復興特別所得税額 (㊵×2.1%)	㊶	
	所得税及び復興特別所得税の額 (㊵＋㊶)	㊷	
	外国税額控除 区分	㊸	
	源泉徴収税額	㊹	
	申告納税額 (㊷－㊸－㊹)	㊺	
	予定納税額 (第1期分・第2期分)	㊻	
	第3期分の税額 (㊺－㊻) 納める税金	㊼	00
	第3期分の税額 (㊺－㊻) 還付される税金	㊽	△
その他	配偶者の合計所得金額	㊾	
	専従者給与(控除)額の合計額	㊿	
	青色申告特別控除額	51	
	雑所得・一時所得等の源泉徴収税額の合計額	52	
	未納付の源泉徴収税額	53	
	本年分で差し引く繰越損失額	54	
	平均課税対象金額	55	
	変動・臨時所得金額 区分	56	
延納の届出	申告期限までに納付する金額	57	00
	延納届出額	58	000

← 復興特別所得税額の記入をお忘れなく。

還付される税金の受取場所			
	銀行 金庫・組合 農協・漁協		本店・支店 出張所 本所・支所
郵便局名等		預金種類	普通 当座 納税準備 貯蓄
口座番号 記号番号			

整理欄	
区分	A B C D E F G H I J K
異動	年 月 日 L
管理	名簿
補完	確認

税理士署名押印 電話番号 ― ― ㊞　税理士法 書面提出 30条 33条の2

納 届 / 事 業 / 住 所 / 資 産 / 総 合 / 分 離 / 検 算 / 通 信 日付印 / 年月日 / 一連番号

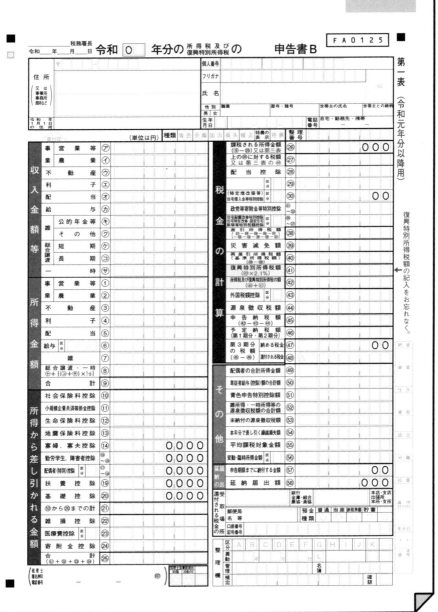

FA0079

整理番号

令和 0 年分の所得税及び復興特別所得税の確定申告書B

住　所
屋　号
氏《フリ》　名《ガナ》

○ 所得の内訳（所得税及び復興特別所得税の源泉徴収税額）

所得の種類	種目・所得の生ずる場所又は給与などの支払者の氏名・名称	収入金額	源泉徴収税額
		円	円

㊹ 源泉徴収税額の合計額　円

○ 雑所得（公的年金等以外）、総合課税の配当所得・譲渡所得、一時所得に関する事項

所得の種類	種目・所得の生ずる場所	収入金額	必要経費等	差引金額
		円	円	円

○ 特例適用条文等

○ 事業専従者に関する事項

事業専従者の氏名	個人番号	続柄	生年月日	従事月数・程度・仕事の内容	専従者給与（控除）額
			明・大 昭・平 . .		円
			明・大 昭・平 . .		

㊿ 専従者給与（控除）額の合計額　円

○ 住民税・事業税に関する事項

住民税

	氏名	個人番号	続柄	生年月日	別居の場合の住所
同一生計配偶者				. .	
16歳未満の扶養親族				平・令 . .	
				平・令 . .	
				平・令 . .	

配当に関する住民税の特例　円　非居住者の特例　円　配当割額控除額　円　株式等譲渡所得割額控除額　円

給与・公的年金等に係る所得以外（令和2年4月1日において65歳未満の方は給与所得以外）の所得に係る住民税の徴収方法の選択：給与から差引き／自分で納付

寄附金税額控除：都道府県、市区町村分（特例控除対象）　円／住所地の共同募金会、日赤支部・都道府県、市区町村分（特例控除対象以外）／条例指定分：都道府県・市区町村

事業税

非課税所得など	番号	所得金額　円	
損益通算の特例適用前の不動産所得	円	前年中の開（廃）業	開始・廃止　月日
不動産所得から差し引いた青色申告特別控除額		事業用資産の譲渡損失など	
他都道府県の事務所等			

別居の控除対象配偶者・控除対象扶養親族・事業専従者の氏名・住所　氏名　住所

所得税で控除対象配偶者などとした専従者　氏名　給与　円

一連番号

○ 所得から差し引かれる金額に関する事項

⑩ 社会保険料控除

社会保険の種類	支払保険料
	円
合計	

⑪ 小規模企業共済等掛金控除

掛金の種類	支払掛金
	円
合計	

⑫ 生命保険料控除

新生命保険料の計	円	旧生命保険料の計	円
新個人年金保険料の計		旧個人年金保険料の計	
介護医療保険料の計			

⑬ 地震保険料控除

地震保険料の計	円	旧長期損害保険料の計	円

⑭～⑮ 本人に関する事項

□ 寡婦（寡夫）控除（□ 死別　□ 生死不明　□ 離婚　□ 未帰還）

□ 勤労学生控除（学校名　）

⑯ 障害者控除　氏名

⑰～⑱ 配偶者（特別）控除

配偶者の氏名	生年月日	
	明・大 昭・平 . .	□ 配偶者控除 □ 配偶者特別控除
個人番号		国外居住

⑲ 扶養控除

控除対象扶養親族の氏名	続柄	生年月日	控除額
		明・大 昭・平 . .	万円
個人番号			国外居住
		明・大 昭・平 . .	万円
個人番号			国外居住
		明・大 昭・平 . .	万円
個人番号			国外居住

⑲ 扶養控除額の合計　万円

㉒ 雑損控除

損害の原因	損害年月日	損害を受けた資産の種類など
	. .	

損害金額　円　保険金などで補塡される金額　円　差引損失額のうち災害関連支出の金額　円

㉓ 医療費控除　支払医療費等　円　保険金などで補塡される金額　円

㉔ 寄附金控除　寄附先の所在地・名称　寄附金　円

第二表（令和元年分以降用）

○第二表は、第一表と一緒に提出してください。

○国民年金保険料や生命保険料の支払証明書など申告書に添付しなければならない書類は添付書類台紙などに貼ってください。

平成 令和　年分の所得税及び復興特別所得税の確定申告書 添付書類台紙

住所（又は事業所 事務所 居所など）		フリガナ 氏名	

①　　の　り　し　ろ

本人確認書類（写）

※　申告書を提出する際には、**毎回、本人確認書類の提示又は写しの添付**が必要です。

◆ マイナンバーカード(個人番号カード)をお持ちの方

マイナンバーカードの表面及び裏面の**写し**を貼ってください。

（表 面）

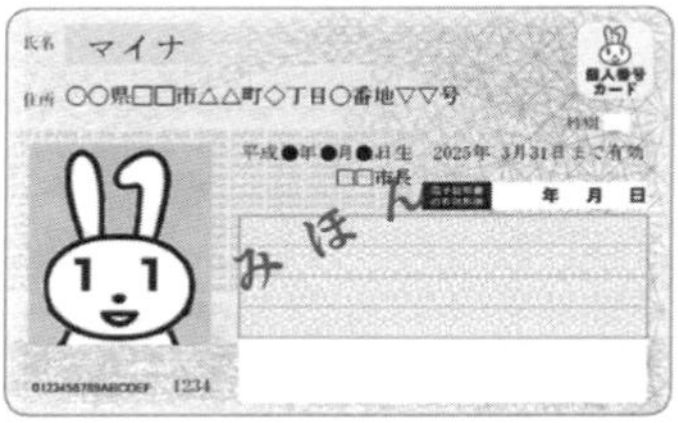

（裏 面）

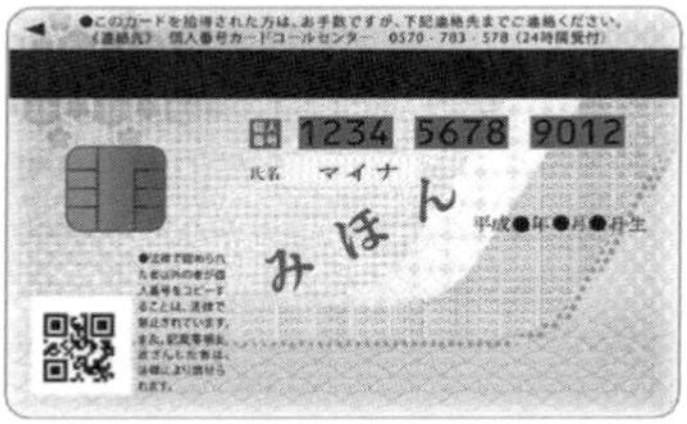

◆ マイナンバーカードをお持ちでない方

「Ⅰ 番号確認書類」の**写し**と「Ⅱ 身元確認書類」の**写し**をそれぞれ貼ってください。

※　原本を貼ることのないよう、ご注意ください。

Ⅰ 番号確認書類		Ⅱ 身元確認書類
《ご本人のマイナンバーを確認できる書類の写し》 ・通知カード ・住民票の写し又は住民票記載事項証明書（マイナンバーの記載があるものに限ります。） などのうちいずれか１つ	＋	《記載したマイナンバーの持ち主であることを確認できる書類の写し》 ・運転免許証　・公的医療保険の被保険者証 ・パスポート　・身体障害者手帳 ・在留カード などのうちいずれか１つ

○　申告に当たっては、上記①及び裏面の②から⑤の書類（該当するものに限ります。）などを、この台紙に順番にのりづけし申告書と一緒に提出するか、申告書を提出する際に提示してください。

⑧ の り し ろ

⑦ の り し ろ

⑥ の り し ろ

⑤ の り し ろ

社 会 保 険 料
小規模企業共済等掛金 控 除 関 係 書 類

④ の り し ろ

生 命 保 険 料 控 除 関 係 書 類

③ の り し ろ

地 震 保 険 料 控 除 関 係 書 類

② の り し ろ

寄 附 金 控 除 関 係 書 類

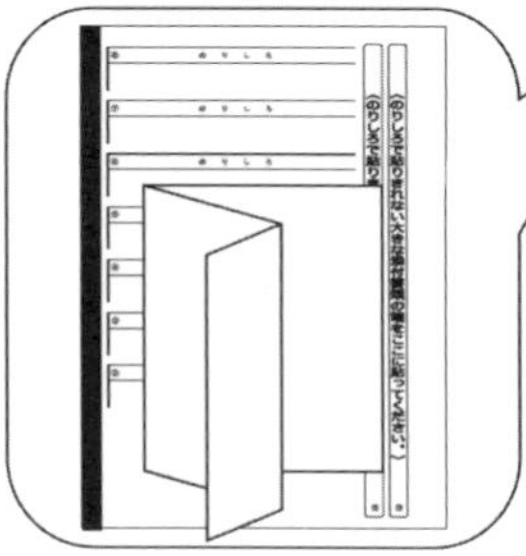

⑨ 〈のりしろで貼りきれない大きな添付書類の端をここに貼ってください。〉

⑩ 〈のりしろで貼りきれない大きな添付書類の端をここに貼ってください。〉

FA0203

令和 0 年分所得税青色申告決算書（一般用）

住所		フリガナ 氏名	㊞	依頼税理士等 事務所所在地	
事業所所在地		電話番号	（自宅）（事業所）	氏名（名称）	
業種名	屋号	加入団体名		電話番号	

令和　年　月　日

損益計算書（自　月　日至　月　日）

提出用（令和元年分以降用）

科目		金額（円）	科目		金額（円）	科目		金額（円）
売上（収入）金額（雑収入を含む）	①		経費 消耗品費	⑰		各種引当金・準備金等 繰戻額等 貸倒引当金	㉞	
売上原価 期首商品（製品）棚卸高	②		減価償却費	⑱			㉟	
仕入金額（製品製造原価）	③		福利厚生費	⑲			㊱	
小計（②＋③）	④		給料賃金	⑳		計	㊲	
期末商品（製品）棚卸高	⑤		外注工賃	㉑		繰入額等 専従者給与	㊳	
差引原価（④－⑤）	⑥		利子割引料	㉒		貸倒引当金	㊴	
差引金額（①－⑥）	⑦		地代家賃	㉓			㊵	
経費 租税公課	⑧		貸倒金	㉔			㊶	
荷造運賃	⑨			㉕		計	㊷	
水道光熱費	⑩			㉖		青色申告特別控除前の所得金額（㉝＋㊲－㊷）	㊸	
旅費交通費	⑪			㉗		青色申告特別控除額	㊹	
通信費	⑫			㉘		所得金額（㊸－㊹）	㊺	
広告宣伝費	⑬			㉙				
接待交際費	⑭			㉚				
損害保険料	⑮		雑費	㉛				
修繕費	⑯		計	㉜				
			差引金額（⑦－㉜）	㉝				

●青色申告特別控除については、「決算の手引き」の「青色申告特別控除」の項を読んでください。

●下の欄には、書かないでください。

FA0208

令和 0 年分

氏名（フリガナ）

提出用（令和元年分以降用）

○月別売上（収入）金額及び仕入金額

月	売上（収入）金額（円）	仕入金額（円）
1		
2		
3		
4		
5		
6		
7		
8		
9		
10		
11		
12		
家事消費等		
雑収入		
計		
うち軽減税率対象	うち　円	うち　円

○給料賃金の内訳

氏名	年齢	従事月数	支給額 給料賃金	賞与	合計	所得税及び復興特別所得税の源泉徴収税額
	歳	月	円	円	円	円
その他（　人分）						
計	延べ従事月数					

○専従者給与の内訳

氏名	続柄	年齢	従事月数	支給額 給料	賞与	合計	所得税及び復興特別所得税の源泉徴収税額
		歳	月	円	円	円	円
計	延べ従事月数						

○貸倒引当金繰入額の計算（この計算に当たっては、「決算の手引き」の「貸倒引当金」の項を読んでください。）

			金額
個別評価による本年分繰入額（「個別評価による貸倒引当金に関する明細書」の金額を書いてください。）		①	円
一括評価による本年分繰入額	年末における一括評価による貸倒引当金の繰入れの対象となる貸金の合計額	②	
	本年分繰入限度額（②×5.5%（金融業は3.3%））	③	
	本年分繰入額	④	
本年分の貸倒引当金繰入額（①＋④）		⑤	

○青色申告特別控除額の計算（この計算に当たっては、「決算の手引き」の「青色申告特別控除」の項を読んでください。）

			金額
本年分の不動産所得の金額（青色申告特別控除額を差し引く前の金額）		⑥	（赤字のときは0）円
青色申告特別控除前の所得金額（1ページの「損益計算書」の㊸欄の金額を書いてください。）		⑦	（赤字のときは0）
65万円の青色申告特別控除を受ける場合	65万円と⑥のいずれか少ない方の金額（不動産所得から差し引かれる青色申告特別控除額です。）	⑧	
	青色申告特別控除額（「65万円－⑧」と⑦のいずれか少ない方の金額）	⑨	
上記以外の場合	10万円と⑥のいずれか少ない方の金額（不動産所得から差し引かれる青色申告特別控除額です。）	⑧	
	青色申告特別控除額（「10万円－⑧」と⑦のいずれか少ない方の金額）	⑨	

（注）貸倒引当金、専従者給与や3ページの割増（特別）償却以外の特典を利用する人は、適宜の用紙にその明細を記載し、この決算書に添付してください。

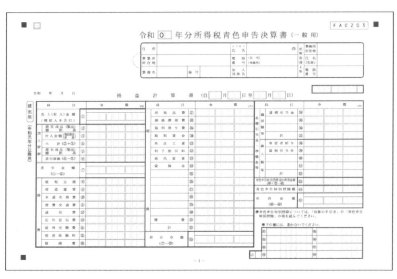

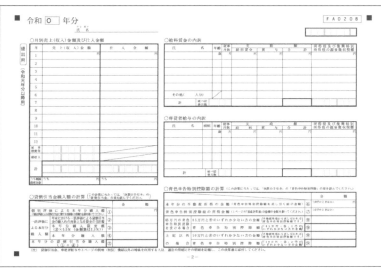

○減価償却費の計算

（令和元年分以降用）

減価償却資産の名称等（繰延資産を含む）	面積又は数量	取得年月	㋑ 取得価額（償却保証額）	㋺ 償却の基礎になる金額	償却方法	耐用年数	㋩ 償却率又は改定償却率	㋥ 本年中の償却期間	㋭ 本年分の普通償却費（㋺×㋩×㋥）	㋬ 割増（特別）償却費	㋣ 本年分の償却費合計（㋭＋㋬）	㋠ 事業専用割合	㋷ 本年分の必要経費算入額（㋣×㋠）	㋦ 未償却残高（期末残高）	摘要
		年 月 ・	( ) 円	円		年		月 /12	円	円	円	%	円	円	
		・	( )					/12							
		・	( )					/12							
		・	( )					/12							
		・	( )					/12							
		・	( )					/12							
		・	( )					/12							
		・	( )					/12							
		・	( )					/12							
		・	( )					/12							
		・	( )					/12							
計															

（注）平成19年4月1日以後に取得した減価償却資産について定率法を採用する場合にのみ㋑欄のカッコ内に償却保証額を記入します。

○利子割引料の内訳（金融機関を除く）

支払先の住所・氏名	期末現在の借入金等の金額	本年中の利子割引料	左のうち必要経費算入額
	円	円	円

○税理士・弁護士等の報酬・料金の内訳

支払先の住所・氏名	本年中の報酬等の金額	左のうち必要経費算入額	所得税及び復興特別所得税の源泉徴収税額
	円	円	円

○地代家賃の内訳

支払先の住所・氏名	賃借物件	本年中の賃借料・権利金等	左の賃借料のうち必要経費算入額
		権更 円	円
		賃	
		権更	
		賃	

◎本年中における特殊事情

貸借対照表（資産負債調）

（令和元年分以降用）

●65万円の青色申告特別控除を受ける人は必ず記入してください。それ以外の人でも分かる箇所はできるだけ記入してください。

（令和　年　月　日現在）

資産の部			負債・資本の部		
科目	月 日（期首）	月 日（期末）	科目	月 日（期首）	月 日（期末）
現金	円	円	支払手形	円	円
当座預金			買掛金		
定期預金			借入金		
その他の預金			未払金		
受取手形			前受金		
売掛金			預り金		
有価証券					
棚卸資産					
前払金					
貸付金					
建物					
建物附属設備					
機械装置					
車両運搬具			貸倒引当金		
工具 器具 備品					
土地					
			事業主借		
			元入金		
事業主貸			青色申告特別控除前の所得金額		
合計			合計		

（注）「元入金」は、「期首の資産の総額」から「期首の負債の総額」を差し引いて計算します。

製造原価の計算

（原価計算を行っていない人は、記入する必要はありません。）

科目			金額
原材料費	期首原材料棚卸高	①	円
	原材料仕入高	②	
	小計（①＋②）	③	
	期末原材料棚卸高	④	
	差引原材料費（③－④）	⑤	
労務費		⑥	
その他の製造経費	外注工賃	⑦	
	電力費	⑧	
	水道光熱費	⑨	
	修繕費	⑩	
	減価償却費	⑪	
		⑫	
		⑬	
		⑭	
		⑮	
		⑯	
		⑰	
		⑱	
		⑲	
	雑費	⑳	
	計	㉑	
総製造費（⑤＋⑥＋㉑）		㉒	
期首半製品・仕掛品棚卸高		㉓	
小計（㉒＋㉓）		㉔	
期末半製品・仕掛品棚卸高		㉕	
製品製造原価（㉔－㉕）		㉖	

（注）㉖欄の金額は1ページの「損益計算書」の⑤欄に移記してください。

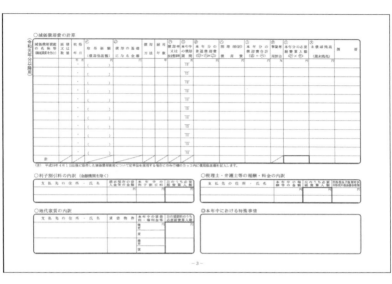

著者紹介
冨永昭雄（とみなが・あきお）
税理士法人コスモ総合会計事務所 代表社員
税理士。
1968年生まれ。税理士歴18年。フリーランスの方からの相談を多く受け、毎年200件超の確定申告書を作成している。得意分野は起業支援、中小企業の成長支援。著書に『税制改正Q＆A』（共著・ビジネス教育出版社）など。大学や出版社に招かれ「景気指標で読み解く日本経済」、「脱どんぶり経営（キャッシュフロー経営）」などについて講師を務める。

はじめての確定申告から損しない
フリーランス1年目の経理

2020年１月29日　第１版第１刷発行

著　者　冨永　昭雄
発行所　WAVE出版
〒102-0074東京都千代田区九段南3-9-12
TEL 03-3261-3713　FAX 03-3261-3823
振替 00100-7-366376
E-mail：info@wave-publishers.co.jp
https://www.wave-publishers.co.jp/

装丁・本文デザイン　田中真琴
DTP　システムタンク
印刷・製本　萩原印刷

NDC360　192P　19cm　ISBN978-4-86621-244-9